不止于正义
法律人的读书会

赵宏　陈碧　李红勃　罗翔　著

云南人民出版社

法治天下

果麦文化 出品

序

赵宏

我们四人的缘分源自年轻时的读书会。那时大家都还是刚入职政法大学的"青椒",贫穷又迷茫,忧虑文章发表、忧虑职称评定,还忧虑如何在偌大的北京扎下根来。罗翔老师提议办个读书会,每周末约在车公庄附近的茶馆读书。读书会持续了一年多,罗老师经常推荐书目,兼任导读,还负责雄辩。其实我那会儿更想分享村上春树,陈碧老师最想聊东野圭吾,可都被他一上来就布置的《新教伦理与资本主义精神》给吓退了,还是他高级。现在想想,如果不是因为有大家彼此鼓励,我大概这辈子都不会去啃那些艰深晦涩的书。

四人读书会后来虽然终止,但互相推荐书目的习惯一直延续至今。每隔一段时间,罗老师都会问有没有读到什么好书。我和陈老师住得很近,每次约咖啡或逛街时也会互换书籍。阅读本身就是件快乐的事,如果你的朋友也读了你推荐的书,还能彼此热烈讨论,那快乐就会加倍。

还记得我曾被石黑一雄的《长日将尽》和《莫失莫忘》

震撼，赶不及地推荐给同样喜欢小说的罗老师，还一再叮嘱他，一定要熬过前50页，因为石黑的作品实在慢热。他后来同样喜欢上了石黑一雄，甚至读了他所有的书，这让我有了当石黑粉头的成就感。

陈老师推荐给我的书，大部分我很喜欢，因为她大致了解我的喜好，还很会讲故事，很多作品经她描述后都熠熠生辉，不由得想看。比如她讲陈丹燕的《阿玉》，女主角一辈子都在照顾别人，临终前却不停索要家人的爱和关心，她会感慨，"我们这些职业妇女，会不会因为太独立，警惕一切软弱，就妨碍了爱的能力？"听得我迫不及待读完了全书。还有一次，四人参加活动之后聚餐，席间她讲起刘慈欣的《乡村教师》，讲一个乡村教师如何用微小的力量捍卫人类文明，感动得我们餐叙后就急忙去找这篇小说来看。

也有推荐失败的。作为村上春树的超级粉丝，大叔每部小说出版我都会买了送给他们，甚至担任在线导读，但基本上反响寥寥。陈老师会佯装客气地说："嘿，小说居然可以这么写。"罗老师看了我写给大叔的炙热书评甚至会泼冷水："日本人的有些精神真是不好理解，你还是要更积极向上一点。"可即使是罗老师推荐的也不一定好看，他有次力荐某知名作家的新书，还说自己看得潸然泪下，但我和陈老师读后一致评价，这刻意造作的情节居然也能看哭，弄得他很不好意思。

四人中读书喜好最神秘的是红勃老师，他几乎很少表露自己喜欢什么、厌恶什么，但每次大家一起选书，他都会选最庄重肃穆的类型，以致我常想，他的精神世界可能就是被这类东西填满的。

因为喜欢读，也常常一起读，所以我们闲来也常写书评。有时是各自写，有时是为反驳对方而写，写完后彼此讨论，趣味盎然。这种场景总让我想起《查令十字街84号》的故事，书中的主人公一个是纽约的女作家，一个是伦敦旧书店的书商，两人终身不曾谋面，却因书结缘20余年。作家会不停地写信索书，书商会不停地找书供书；作家看了好书会欣喜若狂，看了坏书会娇蛮痛骂，这些都被她写进给书商的信件里，两人虽相隔万里，却真正做到了"相知无远近，天涯若比邻"。这本书我一直很喜欢，前几年还出了续篇，去年底坐在办公室里再翻，突然萌发出将我们此前写的书评结集出版的念头，继而获得了他们仨的响应。我们先是分头整理各自写过的书评，又按照主题重新编排，还对之前写的内容进行删改和补充，这工作做起来真是比写学术专著快乐太多。

这次将历年的书评、影评结集出版，首先是纪念我们始于读书会的友谊。如果没有从前的读书会和后来的普法专栏，我们就不会形成这么深的情感联结；其次尽管我们的职业都是法律人，平时最关心的也都是公平正义，但塑造我们观念和思想的，却远不止那些专业的法律书，更多的都来自文学、哲学、历史学甚至是心理学书籍。罗老师在劝学生读书的文章里写："非功利性读书看似漫无目的，但它的目的就是无功利，就是让人逃离工具主义的牢笼……它可以让我们与人类伟大的先贤对话，在历史的时空中获得关于人生的智慧，感悟人生的意义，拥有对抗无常的力量。"也因为这个原因，这本书最后也取名为《不止于正义》。

四个人的书，不能只有我在序言里絮叨，介绍完本书的来龙去脉，我也想问问他们关于读书的问题，不知道是否有你关心的问题，希望我们的分享能让你在这个娱乐至死、虚无弥漫的时代重新爱上阅读。

赵宏：我先来问问本组最神秘的李老师，人到中年，你的阅读兴趣和乐趣何在？

李红勃：阅读的乐趣在于，你不用说话就可以与人交流，你可以在文字的世界里，活得像个国王。

二十多岁的时候，阅读的范围比较广泛，除了专业书籍外，会特别迷恋文学类作品，小说、诗歌、散文等等，感觉其中有自己的青春，有蓬勃的力量，有让你忍不住大哭或大笑的东西。年纪渐长之后，越来越喜欢历史和哲学类作品，这类作品会留给读者很多遐想、反思和追问的空间，阅读的过程不会很快就结束，会有挑战性，并余味悠长。

赵宏：说起哲学，我们四人里最爱看艰涩哲学书的就是罗老师了，他除了自己读，还会带着学生一起读。我想问罗老师，在 AI 时代，对各种问题我们几乎轻易就能找到各种答案，AI 甚至可以替代人安抚我们的情绪，我们还需要回到哲学吗？为什么哲学类的书会那么吸引你呢？

罗翔：人并不仅靠主观情绪来生活，人生最重要的价值也并非主观上的情绪价值。无论在什么时代，我们都需要追问：我是谁？我从何处来？我去往何处？哲学伴随我们一生，让我们能够在时代肤浅的乐观主义与虚无的悲观主义中，寻找到合乎中道的出路，找到人生真正的慰藉。

赵宏：感觉罗老师所读的都涉及人生的终极命题，怪不得陈老师评价你大概是我们当中最喜欢阅读的人，无时无刻不在看书。我想替读者问一句，你从什么时候开始培养了阅读的习惯？如果忙碌了一天只想追剧或是刷视频，根本没有动力翻开书本，这还有救吗？

罗翔：我的阅读大多只是打发无聊，填满内心的空虚而已。但是心灵需要的不仅仅是知识，它真正需要的是智慧。我见过不少读书很少的人，但他们充满着人生的智慧。也许不是每个人都需要阅读，但每个人都需要智慧。

赵宏：我猜陈老师应该算是罗老师口中"读书没他多、智慧比他多"的人吧。陈老师，你平时怎么找到想看的书呢？

陈碧：哈哈，我智慧可没他多。想看的书嘛，跟人一样，相遇主要看缘分。有时候，也靠介绍。

赵宏：我知道陈老师除了爱写法律评论，还偷摸写爱情小说，能让人有如此跨度的书写，是不是也跟你平时广泛的阅读涉猎有关？

陈碧：完全不是偷摸。在很长的一段"唯有写作能拯救你"的情绪里，我总是在各种平台上写"我有个朋友"系列，包括天涯、微博、公众号。好多年以后，被你无意中看到几篇，说"改改可以当篇论文了"，哦不，你是说"改改可以当小说了"，我就动手改成了爱情小说，还要谢谢你兴致勃勃地写了个小说书评。在这一点上，让我和村上大叔得到了同一待遇。

赵宏：不妨剧透一下，在这本书里，我还真是又把陈老师和村上大叔放一起了。回到陈老师的专业领域，你作为证据法专家，总在我们四人中扮演精神分析大师，在你喜欢的精神分析类作品中，你会给大家推荐什么呢？

陈碧：弗洛伊德的"潜意识"、荣格的"人格与阴影""集体无意识"、温尼科特的"真假自体"、马丁·布伯的"我与你"、马斯洛的"需求层次"、弗洛姆的"逃避自由"……这都是我想推荐给大家阅读的内容。

赵宏：你的专业和阅读，可能会让你看到很多阴暗面。洞悉了那么复杂幽暗的人性，你又如何保持一颗赤子之心呢？

陈碧：人性中有复杂幽暗，也有善良天使。所以，相信是值得的。这个问题也适合罗老师，他最爱的陀思妥耶夫斯基最擅长描绘人性的深度，他还欣赏杜甫式的忧国忧民的写作。我还有点好奇，罗老师为什么特别爱看这类文学作品，或者说他理想中的文学作品应该是什么样的？

罗翔：奥古斯丁在《忏悔录》中提到："我们因为好奇所获得的一切，终究因为骄傲而玷污。"我越来越觉得自己的好奇心应该被节制，不能漫无边际。我理想中的文学作品还是要能够让我从焦虑过渡到焦点，人的关注点一多难免就会焦虑，如果能够聚焦于最有意义的地方，人生才能有焦点。所以我现在对自己的阅读有所节制，不想再天马行空。每年阅读的书籍很多都是重复的，经典也会反复去读。

赵宏： 除了书籍，电影和影评也是我们这本书里重要的内容，其实我知道李老师私下是个狂热的电影爱好者，但没见你写过一篇影评，你如何消化看完电影后汹涌澎湃的情绪呢？

李红勃： 作为电影资料馆的常客，这些年我看了好多片子，看了不同时期、不同国家、各种类型的电影，有些特别喜欢的电影如《海街日记》《海上钢琴师》等，还看了不止一次。中学时写过影评，还在全市的影评比赛中获过奖，现在不能再写，因为已经失去了捕捉和描述细微情感的文字能力。看电影的美好体验在于，在漆黑的影院里，沉浸于光影之间，你可以脱离现实，随着剧中人物一起探索从未经历过的世道，感悟复杂但依然温暖的人心。

赵宏：《海上钢琴师》也是我的最爱，每次看都会想到拉赫马尼诺夫、霍洛维茨，想到浪漫主义者最后的坚持。陈老师和罗老师也是电影爱好者，你俩有没有想分享的观影经历？什么样的影片会格外打动你？如果这一周你的时间只够看一部电影，各自会选择看哪部呢？

罗翔： 我突然想到了一部老电影《生活多美好》。主人公觉得自己一事无成，老实窝囊。人生中种种突如其来的责任把他困在小城，无法走向一个更大的天地，他万般沮丧，准备投河自尽。但是天使却给了他一个机会，展现了一个没有他的世界是多么可怕。原来这个老实人默默做过那么多好事，点滴的善行影响了很多人的一生，也因此改变了世界，让世界变得更美好（或者说不那么败坏）。我们其实都是渺小如尘埃一般的存在，但愿我们能够尘随光舞，逐光而行，让身边少一些仇恨与黑暗，多一份爱与希望。

陈碧：李安的电影会格外打动我。此刻想看《卧虎藏龙》，前几天坐火车去了安徽绩溪，正好在下雨，竹林山峦和隐约的雾气，白墙青瓦，脑子里想到的就是《卧虎藏龙》里李慕白进京前和俞秀莲告别的一幕。身后是万叶千声，李慕白缓缓说，"江湖里卧虎藏龙，人心里何尝不是？刀剑里藏凶，人情里何尝不是？"镜头打在俞秀莲脸上，她若有所思，但并没有完全明白李慕白在讲什么。李慕白讲的是心魔，玉娇龙的心魔、他的心魔还有俞秀莲的心魔。这是一部有后劲的电影，值得每年看一遍。

赵宏：这两部电影都很想看，书、电影和音乐也永远会给人最大的安慰。红勃老师最擅长总结，最后请你代表我们四个来推荐下这本书如何？

李红勃：阅读如同旅行，沿途走来，一样的风景，但每个旅客因为差异化的视角和心境，往往会有不同的感受和体验。这本书是我们几个人的阅读感悟，絮絮叨叨，杂七杂八，如果一定要找到一些关键词去串联起这些杂乱的思绪，那可能就是——爱和正义。

目 录

第一章
正义必须被信仰，人必须成为人

002　相信公平和正义，是生命的"礼物"
　　　罗翔看《七号房的礼物》

006　正义的普罗透斯之面
　　　李红勃读《电车难题》《洞穴奇案》

022　纳粹时期并非无法，反而有完美的法学论证
　　　赵宏读《纳粹德国的法与不法》

035　正当程序未必带来正义，但能化解敌意
　　　陈碧读《正当法律程序的早期发展》

第二章

法律之上还有道德，恶是善的缺乏

056 这个世界不存在善恶对决，只有善与善的对决
罗翔读《金阁寺》

064 对极致的追求，是不是存在边界
赵宏读《金阁寺》《沉落者》

069 平庸之恶的本质在于放弃思考
李红勃读《艾希曼在耶路撒冷》

083 每个少年的心里同时住着天使与魔鬼
陈碧看《涉过愤怒的海》《告白》

第三章

苦难不可避免，行动是改变的开始

---

098 面对法律本身的不公，法律人有改变和行动的责任
赵宏看《不止不休》

105 一则谣言如何演变为席卷帝国的社会大恐慌
李红勃读《叫魂》

121 理解法律的最好方式，是将视线投向个人的命运
赵宏读《命若朝霜》

130 受害者不是少数人，是我们所有人
陈碧读《看不见的伤痕》《盐镇》

148 艺术家失德后，才发现困惑我的同样困惑她
赵宏读《亲爱的生活》《逃离》

第四章

批判是自由的灵魂，捍卫不合时宜的自由

156 只有真理才让人拥有真正的自由
罗翔读《论自由》

163 在不合时宜时坚持原则
陈碧读《正义的决疑》

175 容许空气中充满不和谐的声音，是力量的象征
李红勃读《批评官员的尺度》

189 浪子回头可以被救赎，但难逃罪与罚
陈碧看《周处除三害》

197 全然交出自己会有痛苦，爱得更多的更珍贵也更有勇气
赵宏读《斯普特尼克恋人》《爱情评论》

第五章

天才的人生，平凡的人生，一样值得过

208 天才的存在是对凡人的诅咒吗
陈碧读《沉落者》

215 有的人存在是为了验证神的美意
赵宏读《历代大师》《沉落者》

223 无穷无尽日常中的觉醒时刻
赵宏读《眠》

231 小小蜉蝣的生命启示
罗翔读《诗经·蜉蝣》

235 被人遗忘也许才是真正的纪念
罗翔看《长安三万里》

第六章
我们创造的世界，就是他们的未来

242　从我们开始建立一个美丽新世界
　　　赵宏看《好东西》

250　从现在开始书写更有想象力的新故事
　　　陈碧看《好东西》《初步举证》

260　只有爱与友谊才能让召唤成为现实
　　　罗翔读《柳林风声》

265　对 AI 保持警惕，对自我的灵魂保持养育
　　　罗翔读《卡尔弥德篇》

281　附录

第一章

正义必须被信仰，人必须成为人

相信公平和正义，是生命的"礼物"

罗翔看《七号房的礼物》

和学生一样，每次开学，我也要做心理建设。一次开学前夕，我看了一部催泪电影，为自己打气。影片讲述的是一场把"傻子"逼死的审判，片名是《七号房的礼物》。智商只有六岁的智障男子李龙久和年幼的女儿艺胜相依为命。某天，龙九为了给女儿买礼物而卷入一起幼女奸杀案，死者是警察局局长的女儿。警察利用龙久对女儿的担心，骗他说认罪就能回家。不明就里的龙九认罪认罚，被一审法院判处死刑。

龙久被投入七号牢房。牢房中聚集着各种罪犯。龙久孩子般的纯洁感动了这些"社会渣滓"，他们送给龙久一个礼物——狱友们策划了一场慰问表演，将前来表演的艺胜作为"礼物"送到七号牢房，与父亲相会。狱警科长发现此事后，把龙九关进了禁闭室，也把艺胜送回了福利院。后来，科长为了救火被困，龙九奋不顾身将科长背出火海。科长看到满脸真诚的龙九，开始怀疑案件的真实性。尤其当艺胜前来探视父亲，请求科长把她也关进监狱时，科长的心彻底柔软了。他做出了一个大胆的决定，给七号牢房送了一份"礼物"——艺胜被送回龙九身边。科长经过仔细调查，弄清了案件真相：小女孩不慎踩滑，倒地昏迷，龙九为了救孩子，对孩子进行人工呼吸，被误认为是奸杀。但因受害人是警察局局长的女儿，警方要迅速破案，所以制造了这起冤案。

在准备上诉时，狱友和科长告诉龙九应如何应对。龙九只要说出真相，就可能和女儿团聚。但是二审开庭时，龙九居然还是认罪认罚，二审法院维持原判。原来警察局局长在开庭前找到龙九，威胁他如果不认罪认罚，艺胜就会代替他死去。

龙九最后被判处死刑。在见女儿的最后一面时，龙九声嘶力竭地呼喊，说自己错了，希望有人能够救救他。但是，他的命运已被注定，他的生命被傲慢的司法体系所剥夺。

科长后来收养了艺胜。多年以后，艺胜成了一名律师，她找来七号房的叔叔们，为龙九申冤。影片的最后，艺胜为父亲洗冤成功，龙九被判为无罪。但龙九早已离开这个世界，只留下了一张泛黄的照片和5482这个冷冰冰的代号。

该剧改编自真实案件——郑元燮被冤杀人案。郑元燮当时被控杀害了警察的女儿，因屈打成招，坐了十五年牢，后被无罪释放，得到了二十六亿韩元的赔偿。

很多人都说迟来的正义是非正义，但是它至少比无法等到的正义要强。人类的有限性决定了人类司法制度必定存在瑕疵。每年都有很多同学兴冲冲地跑到我的办公室，和我畅谈职业规划。他们梦想着惩恶扬善，或者辩冤白谤。我一般都会给他们浇一桶凉水，让他们认识到自己的有限性，不要在自己所看重的事情上附着不加边际的价值，更不要用职业的正义光环掩盖个体固有的幽暗。

我通常会建议他们阅读三本文学作品：加缪的《局外人》、卡夫卡的《审判》和托尔斯泰的《复活》。这三本书从不同方面揭示了人类司法制度的有限性或荒谬性。鲁迅说："真正的勇士敢于直面惨淡的人生，敢于正视淋漓的鲜血。"理想主义者必须抛弃不切实际的幻想，否则理想很容易幻灭。人只有意识到荒诞才会向往圆满，没有圆满，荒诞也就毫无意义。把正义放在洞穴以外的理念世界，也就可以容忍洞穴之内现象界的一切荒诞与不义，让自己不至于成为荒诞的推手。虽不能至，心向往之，日拱一卒，功不唐捐。

所有的怀疑与批评不是为了解构与摧毁，而是为了建构与确信。今天，有很多年轻朋友愤世嫉俗，怀疑一切，否定一切，他们的真诚毋庸置疑。但是可以肯定的是，如果没有褒贬对错的标准与尺度，怀疑终将会走向虚无，怀疑会像贪吃蛇一样吞噬自己。当哲学家第欧根尼白天打着灯笼，在雅典城要寻找一个真诚的人时，他还是有标尺去怀疑与批判的，他对德行无比热爱，认为和德行比较起来，世俗财富毫无意义。所以，当亚历山大大帝拜访他，问他要什么赏赐时，他平静地回答道："只要你别挡住我的太阳光。"但是后期的犬儒主义却抛弃了对错的标准：没有崇高，也就没有卑下；没有正义，也就没有邪恶。愤世嫉俗变成了玩世不恭，对世俗的全盘否定变成了对世俗的全盘接受。既然没有对错的标准，也就谈不上恬不知耻。

有些人深陷犬儒虚无的泥淖，为了一丁点利益，就能举报构陷，他们言说着公平与正义，但是内心已经完全不再相信这些。每当看到这种事情，我都害怕自己也会这样。所以，我非常感谢那些年轻的学生，愿意和我交流职业梦想。他们对正义有一种单纯的相信，他们激动的心也让我激动。虽然，我早已戒掉了改变世界、影响他人的梦想。对我而言，成功和失败不过只是空洞的回声，重要的是改变自己，承认自己的虚伪与虚荣，一直行走在出洞穴的路上。纪伯伦说"我曾七次鄙视自己的灵魂"，而我需要的不仅仅是七次。

《七号房的礼物》的关键词是"礼物"，"礼物"让那些曾经的"社会渣滓"看到了人性的温暖与希望，他们开始拒绝摆烂的人生。我们也需要"礼物"，这个礼物让我们可以从容地过好当下（Present），不致成为荒谬的制造者。感谢那些依然相信公平和正义的学生，他们是我们这些老师的"礼物"，让我们的心依然温暖，让我们一起去照亮这个世界。

正义的普罗透斯之面

李红勃读《电车难题》《洞穴奇案》

正义是政治和法律永恒的命题,对它的定义和界定却无比艰难和复杂。美国法理学家博登海默曾说:正义有着一张普罗透斯(Proteus)之面,变幻无常,可随时呈现不同形状并具有极不相同的面貌。普罗透斯是希腊神话中的一个海神,他有预知未来的能力,为了避免被人捉住,他经常变化外形让人无法辨识。

在现代社会,司法被认为是实现正义的最后防线。但遇到疑难案件时,即使法官再聪明和正直,似乎也很难给出一个完美和正确的答案。在《电车难题》以及《洞穴奇案》这两本法理学通识读物中,作者通过两个虚拟或演绎的复杂案件,展示了在极端困境中人们会如何选择,这些选择背后又有着什么样的理论解释,以及每种理论的片面和局限。这两本书再次证明:正义如同时间一样,是如此简单而又复杂的概念,你不言说,我还清楚,你一言说,我倒糊涂了。

一、烧脑的"电车难题"和"洞穴奇案"

《电车难题》是一本小巧的书,但涉及的问题和理论非常复杂。在书中,作者用一个假设的案例作为素材,以新闻报道的形式,介绍了人们对这个案件的各种看法,展示了各种观点背后的主要伦理学和法哲学思想,引导读者不断展开质疑和反思,从而对生活中的惯常现象和疑难问题产生了不一样的认识。

实际上,"电车难题"在英美是一个非常流行的思想实验。"电车难题"最早的版本是在1967年出现的,由英国哲学家菲莉帕·富特提出:一辆有轨电车失去了控制,疾驰向前,司机看见前方的轨道上有五个人。他如果任由电车继续前行,那么这五个人一定会被撞死。这时候他发现旁边恰好有一条岔道,岔道上只有一个人,因此他可以选择将电车拐入岔道,这样就只会撞死一个人。那么,作为司机,他是否应当把电车开到人少的轨道上,撞死一个人,而不是撞死五个人呢?

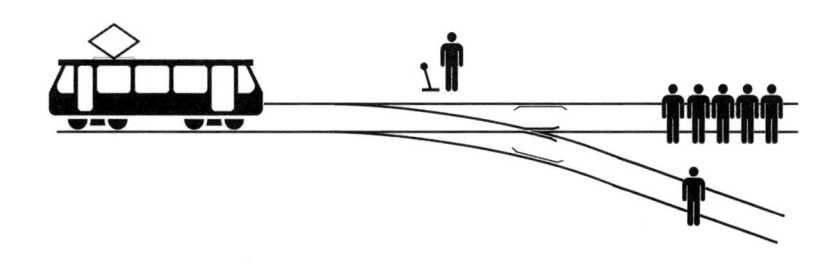

这个思想游戏或思想实验看似简单，其实具有极大的开放性、挑战性和吸引力，它被人们不断演绎和继续推进，从而出现了电车难题的很多个版本。其中比较有名的一个版本是由美国哲学家汤姆森提出的：你站在一座跨越电车轨道的天桥上。这里没有岔道，只有唯一的一条轨道，轨道上站着那五个即将被撞死的人。如果你无动于衷，那这五个人必死无疑，而要救这五个人的唯一的办法，就是在电车前投以重物，将车堵停。这时候你发现身边唯一一个能够挡住电车的，就是同时和你一起站在天桥上看风景的一个胖子。那么，你是否应当将这个胖子推下桥，牺牲他一个，去挽救那五个人的性命呢？

这个假想出来的电车难题受到了各方广泛关注，逐渐成了一个著名的思想实验，越来越多的学者和学生参与其中。2003年，哈佛大学的一群学者专门建立了一个名叫"道德观念测试"的网站，记录下访客们对于各种电车难题的不同反应。2009年，哈佛大学首次将其作为一个课程全面展开。政治学教授迈克尔·桑德尔的"正义论"课程在哈佛十分受欢迎，他的第一堂课就以电车难题为出发点，他的课程被放到互联网和电视上，人们被这个问题的复杂性和挑战性深深吸引，很多聪明的头脑参与其中，在世界各地激起了许多彻夜的讨论。

与《电车难题》在主题和风格上高度相似的另一本书则是《洞穴奇案》，它同样描述了一个疑难案件：五名洞穴探险爱好者进入深山老林，结果被困在一个很深的山洞里，水尽粮绝，无法在短期内获救。为了维系生命等待救援，大家约定通过抽签吃掉其中一人，即牺牲一人以救活其余四人。威特摩尔是这一方案的最初提议人，但他在抽签前又因害怕反悔了，其他四人执意抽签，恰好选中了威特摩尔做牺牲者，于是，可怜的威特摩尔成了其他四个人的蛋白质来源。救援队到达后，幸存的四个人获救，随后他们被逮捕并以杀人罪起诉，初审法庭判处他们有罪并处以绞刑。

这个案子是哈佛大学法学院富勒教授根据英国一个真实案件改编的，在1949年发表于《哈佛法学评论》的文章中，富勒虚构了最高法院上诉法庭五位大法官对此案的判决书，五个法官的意见大相径庭。这一著名公案后来成了英美法学院学生必读的文本，并在此基础上演绎出了更多的案例。半个世纪后的1998年，法学家萨伯延续了富勒的这个知识游戏，假设五十年后"洞穴吃人"案有机会翻案，大法官们针对这个案子又纷纷发表了各自的判决意见，这些意见观点各异甚至相互冲突，而不同观点背后则有其对应的法哲学思想和流派。《洞穴奇案》也是一部特别烧脑的法理学读本，作者萨伯非常感谢富勒的贡献，他指出，作为二十世纪最优秀的法理学家，"富勒的伟大在于他用毕生的学术成就证明：严密的法律思想既不排斥创造性，也不要求专业的术语表达，更不会让道德成为与法律无关的独立变数或事后的思考"。

二、案件审判中的观点争议

在《电车难题》这本书中，奥克兰居民琼斯女士扳动

009

道岔，将一辆失控的电车引入岔道口。她挽救了五个人的性命，但也造成了站在岔道上的法利先生的死亡，对于琼斯女士的行为，公诉人向法庭提起了杀人罪的指控。

在法院紧锣密鼓进行审判的同时，这个案件也成为大学课堂、学术杂志、电台节目及其他公共场合讨论的热点话题，法官、陪审团、检察官、辩护律师、学者、主教等不同身份的人纷纷登场，表达了不同的立场和观点，通过他们的看法引出了西方伦理学和法哲学的主要流派，呈现出在道德难题上观点和方法的多样性。

第一种观点是功利主义思想，它认为正义在于最大限度地实现好处，避免痛苦。

对于琼斯女士扳动道岔"舍一救五"的行为，当地多数居民认为她的选择是正确的。他们认为，该还是不该，"做做算术就明白"。这就是公众所理解的"常理"或"常识"，死一个人肯定好过死五个人。支撑公众这种常理看法的理论依据就是以英国哲学家杰里米·边沁为代表的功利主义思想。这种思想的核心是，人生的目的在于避苦求乐，判断一个行为对错的标准不在于道德上是否正确，而在于效果的好坏，在于是否导致了幸福的最大化。简而言之，凡是导致最小痛苦和产生最大快乐的行为，就是正当的行为。依据这一标准，具体到本案中，选择死一个而救五个是正确的，因为这样的做法把损害和伤亡最小化，把生存的幸福最大化。

这种功利主义思想不仅被公众接受，在陪审团中也得到了较多的认可。陪审团是英美国家在司法审判中的一种特殊制度，由十二个平民组成的陪审团在庭审中负责认定案件事实，并对被告人是否犯罪做出裁决。在本案的陪审团中，有一位来自卫生部的政策分析员，她从自己分析和参与制定医疗政策的职业背景出发，指出只要利大于弊，就是可以的。而来自美国陆军的军官史蒂夫也说：在美国军队派出无人机在阿富汗执行打击塔利班恐怖分子任务的时候，有时候会造成无辜平民的死亡，但这不是我们故意的。这是为了保家卫国而产生的附带性损失，是可预见发生的事，虽然我们并不希望发生。基于同样理由，史蒂夫也认为琼斯是无罪的。

第二种观点与功利主义理论形成直接对抗，它就是源自康德的权利理论。

权利理论认为，人生而平等，拥有自然的、不证自明和不可剥夺的权利，这些权利成为人之为人的道德基础。任何侵犯他人权利和自由的行为，无论会带来多好的效果，都是非法和不正当的。每个人都是完整而独立的主体，拥有人格和尊严，应受到尊重，只能被当作目的，而不能被当作实现他人或集体意图的工具和手段。

在本案中，坎宁安检察官的观点就是康德权利理论的体现。检察官指出：如果我们允许个人以某些公民为牺牲，在生死的问题上做出偏向其他公民的决定，这将是一个危险的先例。在法庭上，对于依据功利主义得出的、被多数公众接受的所谓"常理"，检察官提出了反驳："我今天的任务，就是要说服各位，常理在本案中完全是一派胡言。"检察官说，在环球旅行成为可能之前，"世界是平面"就是一个常理；

在哥白尼进行天文观察和计算之前,"太阳是绕着地球转的"也是一个常理。但事实证明,这些所谓常理,实际上都是谬论和歪理。

为了证明琼斯女士有罪,检察官引用了此前审判过的一个类似的判例。这个案件是这样的:外科医生梅普斯在急诊室同时接收了六名伤员,他们是一场高速路交通事故的受害者。梅普斯医生经过诊断发现:两名伤者需要肾移植,另一名需要心脏移植,还有一个人需要肝移植,第五个人则需要肺移植。梅普斯医生正在为器官来源发愁时,发现第六名伤员是个年轻人,他没有明显严重的伤情。最终,梅普斯医生将这个年轻人推进了手术室,摘取了他的所有器官,移植到了其他五个人身上。在庭审中,梅普斯医生说了一句话:"我觉得一名病人死亡,比五名病人死亡的结果要好。"这个案件的结果,是陪审团成员一致认定梅普斯医生构成一级谋杀罪名。在讲完这个外科医生的案例后,检察官提醒琼斯一案的陪审团成员们:你们应该记得,这正是本案中琼斯女士为自己辩护时说过的话。

在检察官看来,符合道德的选择,绝不是追求最大多数人之最大量幸福这么简单,而是应当考虑权利问题。对一个行为的对错评价,取决于行为人本人是否拥有从事该行为的权利,取决于这种行为是否损害和侵犯了他人的权利。在本案中,对被牺牲的法利先生而言,他显然成了可以被利用的"工具人",而丝毫没有考虑到他个人的"生命不受侵犯"的神圣权利;对那五个被救的人来说,他们当然希望被救,他们肯定会感激被救,但是,他们根本没有"通过牺牲他人而获得挽救"的这项权利;而对于救人的琼斯女士,谁又给了她扮演上帝,决定放弃哪一个拯救哪一个的权利呢?总之,我们人类享有一些普遍和基本的权利,而这些权利不能被他人以"奉献"或"大局"的名义剥夺。无论何时何地,人的行为应该是在理性思考下,基于权利理论做出正确的选择,所以,检察官对陪审团说:"如果你们能记住法利先生的权利,我坚信,你们会判定琼斯女士犯有杀人罪。"

陪审团里来自人权观察组织的律师玛格丽特坚决支持检察官的观点,她认为扳动道岔的琼斯有罪,因为她侵犯了别人的权利,允许了死亡的发生。基于对他人权利的尊重,我们有义务不把别人推到电车前,也有义务不摘取别人的器官,不论因此能带来多好的后果或利益。正如在调查犯罪活动中,警察不能为取得有价值的案件信息而对犯罪嫌疑人施加酷刑一样。

第三种观点从侧面对功利主义思想进行了援助,可以将其称为"道德直觉主义"。这种观点认为,善和义务等道德概念不可能通过理性和经验来论证,只能靠先天的道德直觉来认知。

为了反驳公诉人的观点,辩护律师也提到了两个先前的判例:在第一个案例中,一个名叫克拉拉的女士在乘坐电车时,司机突然昏迷不醒,克拉拉当时面临的情形与琼斯女士完全相同。她可以任凭电车沿着轨道疾行撞死前方的五个人,或者将电车转入岔道而撞死一个人。她最终的选择是将电车拐入了岔道。对于克拉拉的行为，89%的陪审员认为是正确和可取的。在第二个案例中，佛兰克站在电车轨道上空的人行天桥上，看到失控的电车沿着轨道撞向前方的五个人。当时只有一条轨道，没有岔道可以转向。阻止电车唯一的办法就是在轨道上投以重物。不幸的是，当时天桥上并没有重物，只有一名体型肥硕的大胖子。佛兰克最终选择把这个胖子推下了桥，拯救了五个人的性命。对于佛兰克的行为，只有11%的陪审员认为其行为是可取的。

显然，辩护律师是在提醒陪审团成员，琼斯女士的案子和克拉拉的案子一致，而和佛兰克的案子存在重要的区别。因此，琼斯女士应该得到和克拉拉一案同样的判决，即被宣布无罪。在这里，辩护律师用以证明自己观点的理论就是道德直觉主义。他指出，检察官认为陪审团成员的结论应当是基于理性、考虑权利做出的。但事实是，在克拉拉和佛兰克的案件中，当陪审员被问到做出裁判的理由时，只有极少数人承认自己是依据道德原则和基于理性做出裁判的，换言之，绝大多数陪审员在审判中完全没有进行道德上的理性思考。他们很多人说他们做出判决完全是依靠直觉。因此，辩护律师告诉陪审团成员：对于凭"感觉"来裁判琼斯女士一案，我们无须感到不好意思，哲学家甚至对这种方法起了一个很高级的名字，叫"伦理直觉主义"。因此，常理就是常理，它存在于人心之中，并一再被证明是正确的，而且永远正确。根据我们的常识，在本案中，琼斯女士基于功利主义的判断和选择没有错，针对她杀人罪的指控不能成立。

陪审团里的画家南希完全认可和支持辩护律师的观点。她说：我认为琼斯无罪而佛兰克有罪，我说不清楚为什么，只是骨子里就这样觉得，我想这大概就是直觉吧。琼斯和佛兰克这两个案子感觉上有所不同，我不知道为什么，但不同就是不同。

第四种观点是来自天主教神学思想中的"双效原则"，这一观点与伟大的托马斯·阿奎那的名字联系在一起。

在法庭审判的过程中，美国天主教派出了一个代表，以"法庭之友"的名义就本案发表了自己的观点。"法庭之友"是美国司法审判中的一种独特机制，它往往是一个机构，不是原告也不是被告，它的作用就在于提供相关资讯与法律意见给法庭，以协助诉讼的开展，让法官更了解争议所在。教会代表认为：琼斯女士应作无罪判决，这一观点是以天主教会的"双效原则"理论为基础的。

双效原则是什么意思呢？这是托马斯·阿奎那在十三世纪的《神学大全》一书中提出的。托马斯·阿奎那是欧洲中世纪经院派哲学家和神学家，也是自然神学最早的提倡者之一，其学说可以说是天主教的官方哲学。天主教的道德原则是求善避恶，托马斯·阿奎那指出，同一个行为通常兼有善恶两种效果。在某种特定情况下，一个善的行为，虽然兼有恶的结果，也是可以允许的，哪怕这恶的结果在通常情况下是必须避免的。根据"双效原则"的条件，教会代表对琼斯女士的行为进行了天主教道德分析。教会认为，首先琼斯女士改变电车路径的行为在道德上是中性的，而不是恶的；其次，琼斯女士并不希望或期待法利先生的死亡，她仅仅是预见和允许了这一副作用的发生；还有，琼斯女士扳动道岔的直接目的并不是要杀死法利先生，而是要利用他的身体去制止电车，而这个行为的最直接和最即时的效果是拯救了五个人的生命。最后，拯救五个人的善超过了失去一个人的恶。因此，站在天主教的立场上看，琼斯女士的行为无罪。

第五种观点来自哲学家尼采的自然人性理论，它对西方主流宗教所主张的道德伦理提出了尖锐的批判。

围绕琼斯一案，全国公共广播电台专门举办了一场辩论会。辩论会的题目是这样的：你本人被绑在岔道上，你看见一辆失去控制的电车朝正前方的五个人冲去，你的脚刚好可以够得到道岔的开关，可以将电车转向你自己，这样你就会死，但那五个人则会得救。那么，你是否会扳动道岔呢？更进一步，你认为无私总是好的吗？

首先发言的是来自明尼苏达州的马文。他认为：根据世界各个主要宗教公认的一个道德原则或者叫黄金定律："你希望别人怎么对待你，你就应当怎么对待别人"，因而，既然自己认为琼斯女士无罪，她扳动道岔和拯救五个人是正确的。那么，他就没有理由将自己排除在外，所以他应该扳动道岔，牺牲自己而拯救那五个人。无私总是好的，这是普世的价值，每个人或多或少都有无私的心，他人受苦，我们自己就有道德责任。

接下来发言的是来自亚特兰大的斯特拉，她运用了德国哲学家尼采的观点，对"无私总是好的"这种观点进行了激烈的反驳。在尼采看来，主流宗教所公认的黄金定律造就了一个弱者的文化，宗教伦理观把人分为自我牺牲的好人和自私自利的坏人，用宗教里的那种"不健康的谦卑"，取代了上古时代如亚历山大大帝那种自然、健康的贵族美德，比如力量、自信、自豪等。事实上，自然的价值观并非善与恶，而是健康与羸弱。因此，把道岔扳向自己，是不自然、不健康和违反人性的，为了五个陌生人而杀死自己，毫不顾惜自己的家人和孩子，这是虚伪和不诚实的。斯特拉说："我愿意在某些情况下无私，但并非以我的生命为代价。"

第六种观点是由陪审团成员、小说家利兰提出来的，他的观点可以称为"听天由命理论"，据此他认为琼斯有罪。

在他看来，人不应当扮演上帝，因为你根本就不具备足够的信息来做出清晰的伦理选择。不能把本案看成一个数学问题，五大于一是不够的，也许法利这个一远远超过那个五呢？琼斯的罪过在于她扮演了上帝，她不该采取任何行动，是命运让电车失控，那就让命运决定一切，允许事情自然发生。唯一安全的规则是"不扮演上帝"。换句话说，琼斯应当什么都不做，任凭电车开往它本该去的方向。

第七种观点则把现代科学引入案件讨论中来，可以将其称为"道德分析的神经科学理论"。

这种方法认为，对于道德难题的讨论不能只停留在伦理层面，事实上，人的道德选择，往往可以通过现代神经科学的方法得到分析，而运用科学的方法，才能得到科学的结论。

对于琼斯一案,《快捷心理学》杂志刊发了文章进行讨论。心理学博士瓦滕伯格指出：在琼斯案中，控辩双方的辩论暴露出一个不幸的事实，那就是，双方都没能理解道德判断的科学依据。事实上，功能性磁共振的研究已经充分证明：在对某些类型的道德难题做出判断时，人脑中负责情感活动的部分要比负责认知活动的部分更活跃，尤其是在受到直接的人身侵犯时，这种现象更为明显。因而，当我们面对一个不那么亲身，但同样会造成他人死亡的决定时，例如琼斯决定扳动道岔时，我们更容易运用大脑中负责认知的部分，我们想出一个原则，杀一胜过杀五，这一原则与情感也不冲突，于是我们就采用了它。瓦滕伯格指出，过去没有科学，用道德解释可以理解，但在科学如此发达的今天，我们应该从心理学和神经科学的事实出发而非道德的价值判断出发。因此，从科学方法出发，用心理和情感分析可以得出结论：琼斯女士无罪。

陪审团中的心理医生齐格佛里德也是从神经心理学角度出发分析案件的，但他得出与瓦滕伯格博士完全不同的结论。他对主张琼斯无罪的观点愤愤不平，他说，根据心理学家的一项测试，主张摘取人器官的外科医生无罪的人，与心理变态、马基雅维利主义以及虚无主义的发生率有着很强的关联。换句话说，在他看来，认为外科医生以及琼斯无罪的人，可能都属于心理不正常的人。

三、没有答案的结局

《电车难题》的作者如同一部话剧导演,他安排各色人等纷纷出场,介绍了自己的观点,分析了这种观点背后的伦理学和法哲学理论,给读者提供了一场思想的盛宴,读来让人眼花缭乱,目不暇接。

那么,法庭上,对于这个疑难案件,陪审团和法官们到底会做出怎样的判决呢,琼斯女士会被判有罪吗?

在密闭的会议室里,所有陪审员发言结束后,最令人紧张的时刻到了,陪审团的投票结果是什么?书上写的是:"答案请看下一页。"结果翻开下一页,只有一句话:"你还真以为这一页会有答案?"全书以这样一种幽默的捉弄人的方式结束,似乎是想告诉读者:这个案子也许永远没有答案。

同样,在《洞穴奇案》一书中,作者通过十四位法官的嘴,分别表达出了"有罪"和"无罪"等不同观点及其理由,引出了法哲学的各个流派,包括主张法律要与道德保持一致的自然法思想、法律应该与道德分离的法律实证主义、法律应该追求最大多数人最大量幸福的功利主义、坚守生命具有绝对价值的道德主义以及法律诠释理论等。但是,在一番观点输出和学派辩论之后,最高法院大法官们的头脑开始困惑了,大家的意见针锋相对且不相上下,于是只好维持了初审法院的判决。复杂的重审程序启动了很久,结果什么也没有改变,案子又回到了原来的状态。

虽然判决没有任何改变,但十四位法官长篇大论的激烈争论，倒是让读者受到了冲击和陷入了困惑。

凡是认真阅读完本书的读者，都将深刻地体会到自己在遭遇严酷的法律思想的拷问和道德情感的历险，以至于不再看重法哲学流派的划分和彼此之间的激烈论争，因为任何一个流派的思想立场未必就是不可动摇的，其核心观点也未必就是论证缜密而不可质疑的。

那么，《电车难题》和《洞穴奇案》到底带给我们什么？一场没有结果的审判？还是一出七嘴八舌的闹剧？在经历了审判的跌宕起伏之后，作为读者，到头来我们获得了什么？

这两场没有给出答案的审判，似乎想要说明：面对浩渺的自然和复杂的社会，面对世界的不可知，面对人类身临其中的道德困境，我们需要不断锻炼和增进我们反省和思考的能力，并以此追问和接近更为美好与正义的生活。人是会思考的芦苇，我们的肢体需要营养和锻炼，这样才能保持健康，同样，我们的头脑也需要阅读和反思，这样才能保持敏锐和开放，不至于沉浸在成见和幽暗中无法自拔。我们需要认识到，保持道德思维的能力，比仅仅拥有直觉更为重要。这也许就是阅读了《电车难题》和《洞穴奇案》后我们获得的重要启发之一。

也许有人相信，正如陪审员南希那样，人类的道德抉择最终不过只是出自感情的本能，而一切分析和论证不过只是在为自己的道德直觉寻找理由罢了。如果这样，我们也许会问：那么人类的道德思考和选择还有意义吗？也许苏格拉底

"未经省察的人生是不值得过的"这句话根本就是错的。

美国圣母大学一位社会学家斯密斯发表的一篇论文，研究了十八岁到二十三岁的年轻人是如何考虑道德问题的。这篇论文展示了这样的担忧：在参与调查的年轻人中，很大一部分在考虑道德议题时思维混乱。其中 30% 表达出了强烈的道德相对主义，比如，他们虽然自己不会盗窃，但对于朋友的盗窃行为则不会加以评判；而在被问及奴隶制是否正确时，有些人回答"我无法评判另一个世代人们的行为方式"。斯密斯认为，这种回答既没有经过仔细思考，也缺乏逻辑。在他看来，缺乏对于道德观点的反思能力和表述能力，其实与我们公共教育中一种趋势有关：我们更强调对于不同观点的包容，以及对于其他文化和社会群体的理解。当所谓的"宽容"被一步步扩大，最后变成价值相对主义时，人就会失去缜密的道德思维能力。

最后，让我们用《洞穴奇案》中的作者导言来做总结，"这个案例告诉我们的，是应该通过案例思考什么，而不是不假思索地从中得到什么。这个案例不是富勒的结论，而是他提出的问题"。

纳粹时期并非无法,反而有完美的法学论证

赵宏读《纳粹德国的法与不法》

九月的一个午后,高仰光老师微信说,要来北大送新书。展开那本厚书,看到扉页上写"献给良知与常识",内心就已非常震动。这本书在未正式刊印前就有幸读过初稿,可当彼时的书店打印本变成装帧精良的巨制,依旧觉得厚重到令人感佩。

仰光老师博士论文做的是日耳曼习惯法,专研的是《萨克森明镜》,我虽然不懂这个领域的知识谱系和研究价值,但每次听他讲也觉得非常有趣。他当老师后发表的第一篇学术论文跟德国吕特案判决有关。那份判决在基本权利保障方面意义重大,也被我们修习德国公法的人一再言说。记得当时还调侃他跨入了我们公法研究的领域,后来串联起他其他的研究后才意识到,相比德国私法,他一直都更关注公法的演进发展。《纳粹德国的法与不法》一书又何尝不是他科研生涯有关德国法史尤其是公法史的集中思考:它将我们再次带回到那段至暗历史,也让我们再次深思法何以被扭曲至不

法；它揭示出形式法的脆弱，也剖析实质法的危险，并再次高扬良知和常识作为法的底线。就像这本书灰色封面上的那抹醒目的红色，它也是对我们所有法律人的再度警醒。

一、历史写作的意图：并非开始于1933，也并非终止于1945

对于外国法制史研究而言，德国法史乃至欧洲法律史都足够有吸引力和挑战性，因为过程跌宕，思想斑驳，人物众多且智识成果丰硕。但研究德国法无法回避的一个问题始终是：为什么一个始终以理性著称，一个诞生了康德、贝多芬和歌德这些文化巨擘的国家突然就变得丧心病狂起来？它不仅犯下人类有记忆以来最骇人听闻的暴行，还几乎将德国历经漫长蜕变累积的法学成果都亲手埋葬。它让人意识到，文明有如火山上的薄纱一样脆弱，可意识之后又如何能够防止悲剧和暴行再卷土重来？这到底是现代性的宿命，还是本可避免却未能及时防御的劫难？

对于德国为何会在二战期间陷入癫狂并犯下累累暴行，所有人文社科专业几乎都有反思，其中又以政治学最为突出。在这当中，齐格蒙·鲍曼的《现代性与大屠杀》和汉娜·阿伦特的"平庸之恶"大概最具说服力。前者认为大屠杀的非理性恰恰与现代社会所达至的极端理性有关。极端理性的现代官僚体制使每个人都变成了高度运转的机器零部件，也让他们丧失了对总体目标的责任感和道义心，所以屠杀鲜活生命对操作者而言，只意味着"我今天填了十张表格"。相比鲍曼认为大屠杀就是现代性的痼疾，阿伦特的"平庸之恶"更戳中人心。在阿伦特看来，纳粹暴行这种"极端之恶"正是由那些超乎寻常、平庸至极的恶所构成。这种恶是对自身思想的消解，是对国家命令的无条件服从，是对个人权利的彻底放弃。更可怕的是，在纳粹时期的德国，普通人都在"依法作恶"。在康德的道德律令被篡改为"第三帝国的绝对命令"后，所有的人就都陷入一种严酷的道德困境：遵纪守法可能迫使你去犯罪作恶，而行善守德却会导致你违抗法令。所以，在放弃了道德追问和独立判断后，每个人都成了暴行帮凶，也对道德沦丧和人道惨剧难逃其咎。

但对于修习法律的人而言，反思到这步显然是不够的。因为它导向的只是永久地保持对他人的道义良心，即使处境艰难也能真诚地自我反思和独立判断，并承担起作为公民的道德义务。但法律和法学呢？既然回看那段历史发现人们都在"依法作恶"，我们又如何理解"极权主义与法"的关系？如果只是简单地否认在"一个缺乏基本正义理念、毫无人道精神，犯下累累罪行的不法政权的统治下"，并不存在作为法学研究对象的"法"，只是将"极权主义与法"的关系归结为"不法中的法"或者"法中的不法"，是否过于简化了思考乃至彻底回避了责任？毕竟纳粹极权所有的暴行和专制都是在一整套组织原则和行为规范下缜密有序地进行的，它甚至没有表现出对法律的丝毫矮化和彻底放弃，相反还发展出一套形式臻于完美的法学论证。尽管今天回看，我们会发现这套说辞"无限抬高国家领袖的地位、蔑视人的尊严,甚至剥夺具体人的权利",但它同样立基于法的形式主义、理性主义和实证主义之上,它甚至与德国在进入纳粹时代之前的法律发展都保持着明显的连续性,也根本无法因为代表了法律人的集体耻辱就被彻底剥离。

所以,即使揭开伤口会再次触碰伤痛和凝视深渊,纳粹法学也值得被认真对待和反复讨论。这是仰光老师学术思考的起点,也是他"历史写作"的起点。他尝试在尽可能网罗资料的基础上书写德国从遵奉"法治国"理念的魏玛时期,迅速滑落至纳粹残暴统治的复杂过程,也希望呈现理性为何陷入疯狂的背后成因。书的封皮上写:"并非开始于1933,也并非终止于1945",也在表达这段历史在法学上向前和向后的连续性。它甚至不能被作为一段彻底逸出人类理性范畴的"癫狂史",一个现代性的怪胎。它的来路需要明晰,它的遗毒也需要清算。唯有如此,人类或许才可能摆脱劫难,才能不再让专制暴行成为难以克服的宿命。

二、现代法学的灵魂之问:实证主义和形式主义是否注定失败?

今天谈及纳粹德国时期法律的整体失守时,人们总会归因于过度的实证主义和形式主义,也总倾向于认为,正是实证主义将法律与道德彻底分立,使法律的正当性只是立基于法自身,而不再建立于超验正义之上,才导致法律最终沦为反道德的法、非正义的法,沦为各种罪恶的代名词。也因为这种归因,德国二战后制定的《基本法》序言第一句就写,

"本着对上帝和人类负责的自觉,作为统一欧洲平等一员且致力于世界和平的德意志人民,基于自身的立宪权制定本法"。神和上帝在宪法序言中出现,这其实已经释放出复归自然法的信号。

德国著名法哲学家拉德布鲁赫在战后的演讲,同样代表了德国法学界对实证主义法学的深刻反思,"几十年来为德国法学家公认占主导的法律实证主义观和其主张的'法律就是法律',在以法律表现出的不公正面前失去抵抗力,黯然神伤。这些学说的追随者被迫承认这些非公正的法律为法。法学必须重新思考几千年来古代、基督教中世纪和启蒙时代的全部智慧结晶,即存在一个作为法律的高高在上的法,一个自然法、上帝法、理性法。申言之,超法律之法"。

吊诡的是,法律实证主义存在和发展的意义本身就在于,"阻止自然法的形而上学导致法学通向极端的主观主义",阻止自然法借由所谓"正义""道德",而对法律予以意识形态的绑架。但如今的实证主义法学却仍旧导致了同样的结果,且在面对暴行专制时表现得毫无抵抗力,这是否同样说明了法律实证主义的破产?在自然法和实证主义法学都遭遇重创之后,人类法律发展的前景又在哪里?法律和法学是否注定无力抵御极权,也根本无法避免自身沦为极权的傀儡和帮凶?

这个问题是现代法学的灵魂之问,也是本书尝试解答的首要迷思。在本书的叙事下,纳粹法学的塑成是个相当复杂的过程。这种塑成首先在于价值观的重塑,纳粹德国打造出残暴的国家机器，同时也缔造出一个完整且封闭的"国家社会主义世界观"。这种世界观的核心又在于"民族精神"。在法律的世界里，这种民族精神的凝结首先依赖于对传统罗马法这种"异族法"的拒斥和贬低，其次则是对日耳曼法这种"本国法"的无限拔高。在这种"法律更新"的双向作用下，不仅罗马法成了被讨伐攻击的对象，连带研究罗马法的学者也难逃人身迫害。在此，我们可以清晰看到，若民族主义和排外主义跃升为法学思考的支配性因素，其会对法律和法学造成多大的伤害。而"去罗马法"运动在仰光老师看来，即使对于其精研的日耳曼习惯法同样是一种灾难，因为无限拔高的背后就是事实歪曲和是非颠倒，是毫无底线的粉饰和伪装。

除重塑法律价值观外，纳粹法学的塑成还倚赖于方法论的改造。但这种改造大肆攻击的恰恰是实证主义法学所推崇的法的形式主义、法学概念的抽象化、部门法的分类、法律术语的专业化、逻辑推理以及法律的体系化等方法。本书以"主观权利"的概念为例说明，这个德国法上的核心观念如何因内含捍卫个人自由的意蕴，而在纳粹时期被认为是对民族精神和社会共同体的侵蚀，并由此从法律整体中被彻底驱逐。与主观权利一样，当早已定型化和教义化的请求权、法律行为、公法/私法区分等实证法学的系列抽象概念悉数遭遇攻击，实证主义法学在纳粹时期其实早已坍塌。由此很难说，是实证主义法学将道德隔绝在法律之外，导致了法律面对暴行和专制的全面溃败，因为面对纳粹对法学的整体性改造，传统的实证法学其实并非帮凶，同样也是受害者。

在"法律更新运动"下，几乎所有的部门法都面临"被改造"的命运，其中首当其冲的就是公法。在魏玛政权被彻底颠覆前，德国的国家法学中已出现"法治国"的基本观念。"法治国"将法与国家相连，寓意国家和个人的关系，如同个人与个人的关系一样要受制于法律，国家权力同样要服膺于民主性的立法。尽管最初的法治国被指向"一种保护个人权利的国家"，但在1848年革命后，德国法治国已转换为"形式法治国"的范畴，用法律形式来驯服国家权力也成为法治国的一般构想，"法治国"与"法律国"因此等义。我们研习德国公法时，总会说明形式法治国的内在缺陷，但也从不讳言，正是法治国的形式化催生出法治的关键要素，也对权力的专横武断进行了釜底抽薪式的驯化。

彼时，也曾有法学家尝试为形式化的法治国概念注入法的确定性以外的其他精神内核，但伴随纳粹思想的渗透，"反实证主义"阵营中同样混入了纳粹学者。他们认为法治国的实质价值在于其"民族性"。但这种民族法治国却最大限度地贬低了自由的价值，认为"法的目的不是保障个人领域和私人生活，而是构成民族共同体生活的基础"；又因为传统的法律形式未给政治领袖留下空间，"制定法的统治"也被转化为"领袖权威的统治"；而反自由主义和反形式主义的背后推手正是反犹主义。更荒谬的是，与对罗马法学家的镇压一样，仅因"法治国"观念的提出与犹太法学家有关，"法治国"就被认为应该彻底放弃和反对。在此，我们同样可以看到，当法律的形式主义已无力阻挡权力的狂飙，又当法律的实质价值被简单替换为"民族意识""共同体精神",甚至是卡里斯玛式领袖的权威,极权国家是如何一点点瓦解了法治国的核心要素。这一过程已经很难归因于法律形式主义和实证主义的内在局限。如果非要总结,或许也只能是:法的形式被颠覆,法的实质被篡改,法律和法学在面对极权时,从整体上都表现得异常软弱。

本书在谈及这一阶段的国家法发展时,其中的一段令人印象尤为深刻,"纳粹统治之下的德国既可以说最重视宪法学的研究,又可以说完全没有宪法学的研究",它创立了一种极为特殊的"全有"与"全无"并存的状态:一方面,国家被置于宪法之上,而宪法也为国家提供了处理各种例外状态的基本框架;另一方面,为证立权力的正当性,纳粹政权从未正式废除过魏玛宪法,尽管这部宪法在此期间早已形同虚设。

宪法如此,与宪法唇齿相依的行政法学同样无法自保。过去基于自由主义思想而主张行政的法律控制,主张个人基本权利和主观公权利保护的行政法学者,在纳粹淫威下开始主动或者被动地与这些旧传统彻底告别,"转而拥抱一种符合纳粹主义的新的行政法理论:强调元首原则、忠诚义务,并且把民族共同体作为所有个人权利和所有行政行为的基石和终极目标",法学从整体上陷入至暗时刻。

三、全景式描摹的背后:谁要为暴行负责?

作为国内第一部全面研究纳粹时期法律和法学的专著,本书尽可能地搜集了魏玛至纳粹时期德国所有重要的立法文本、司法判决以及法律学术文献,并对这一时期各个部门法都进行了全景式的描摹,体现出一个法制史学人文献功底的深厚。

除了上文提及的国家法和行政法外,其他所有的部门法在纳粹政权下几乎都与传统的法治文明彻底决裂:伴随个人主义和自由主义被彻底抛弃,刑法中被奉为圭臬的"罪刑法定原则"被束之高阁,刑罚的目的不再是报应和预防,而成为国家进行社会控制和个人强制的规范体系,特别刑法、类推定罪、溯及既往,这些被传统刑法所坚决反对的一跃成为强权施暴的最佳武器;与魏玛宪法一样,德国《民法典》虽未被明确废除,但"公共利益""义务本位"以及"法律规范的道德化",同样不断蚕食私法的规范方法以及私人自治的基本观念;更可怖的是社会法领域,为使种族清洗的目标正当化,纳粹政权先后颁布《遗传病后代预防法》《血液保护法》等一系列纯化日耳曼种族的法律,这些法律不仅将屠杀犹太人美化为追求清洁秩序的杂质清理工作,也将社会达尔文主义推到极致。而作为法学教育前沿阵地的法学院,专业性的法律教育被轻视,意识形态的灌输成为法学教育的核心目的,培养的学生也只是投身于为纳粹政权进行合法性背书的新兴事业里。

作为一个法律人,读到这些章节总是心有悲凉又无奈,但制造这一切的难道就只是作为极端邪恶化身的希特勒和他的纳粹党人吗?

书中指出,很多史学家都乐于将希特勒塑造为一个"政治强人",认为他个人在纳粹夺权、发动战争以及制造屠杀方面发挥了决定性的作用。但事实是,即使纳粹内部"也同样各种势力暗流涌动……希特勒以其元首的地位充当各种势力的调停人和裁决人,绝非一位乾纲独断、政由己出的统治者"。纳粹政权之所以在短短两年的时间内,就将自由民主的共和国改造为个人独裁的元首国家,首先是德国人民的默许和合谋。

与历经自由民主和宪制主义洗礼的欧洲其他国家不同,德国人似乎天生就对捍卫民主共和缺乏热情。他们更向往一种"卡里斯玛式(Charismatic)"的政治权威,"对于领袖的服从是德国政治文化中一以贯之的内容",因为"唯有充满非凡魅力的领袖能够将德意志人民的力量凝聚起来,使德国脱离苦海,再次走向强大"。仰光老师称此种心理叫"弥赛亚情结",但在这种渴慕强者的背后,掩藏着深刻的危机。

读到这部分时总会想起《可能性的艺术》。该书在谈及民主在东亚国家实施的不同状态时总结,"唯有经由观念变迁推动的制度变迁才是牢靠的,坚固的……因为观念一旦形成,往往具有相当的韧性"。书里引述电影《1987》的台词,描写韩国民众的民主观念如何在威权的缝隙中逐渐成长和扩散时的段落,甚至让人不禁落泪,"到最后,我发现,这种源于道德直觉的正义感有种令人敬畏的天真。你会发现,当所有的政治泥沙沉淀,所有理论的波涛平息,所有流行的趋势过去,最终,这种无与伦比的天真还是会从水底浮现。它熠熠的光芒,还是会诱惑你向它伸出手去"。所以,民众观念的力量可以强大到突破经济利益的考虑、暴力机器的镇压，进而撬动制度的变化；相应地，如果民众整体的观念水位还未形成对民主的珍视和对自由的捍卫，那么劫难可能就难以避免。这个结论非常残忍，却又相当真实。

除了人民外，同样要为暴行承担责任的还有众多的法学家和法律工作者。仰光老师在书里写，尽管法学的整体性堕落由纳粹政权一手造成，"但若不是为数众多受过良好教育的法学家、司法官以及职业法律人积极逢迎纳粹主义意识形态的话，反法治的理论体系也难以搭建"。我们眼见众多法学家为了博得当局的认可和重视，就彻底放下节操投身于机会主义的斗争场域，其中最为突出的就是卡尔·施密特和克尔罗伊特。他们二人围绕"法治国"概念能否适用于纳粹政体展开了长久的、精致的论辩，但背后的道德丧失让人汗颜和羞耻。讽刺的是，这场论辩的最后胜利者却并非二者中的任何一位，而是更极端且更纯粹地站在意识形态立场，为民族共同体和领袖权威进行无底线辩护的哈德·赫恩。讽刺的是，法学家们的上述"忠诚表演"甚至都未曾引起过纳粹政权的真正重视，因为在极权政治下，法学和法律永远不可能是主角，而只是政治的附庸和工具。在一个个法学家信誓旦旦地宣称希特勒的"超法律性"，宣称其"是由更高的存在赋予人类"的权威时，德国法学终陷有史以来的"智识低谷"。

这段历史教训足够深刻也应该被牢牢记取，因为它无比真实地揭示出职业法律人乃至那些头戴桂冠的法学家们精神上的软弱，他们并未从根本上忠诚于自己的事业，也因此同样需要对暴行负责。他们激情演绎的纳粹法学体系，对于日耳曼民族主义的兴起，甚至纳粹精神的一路上扬都贡献颇多，他们不仅是至暗时刻的历经者，同样是至暗时刻的制造者。

四、法律的终极目的是"让人成为人"

本书最后总结，纳粹法学的实质就是通过"法"的外在形式服务于"不法"的内在目的。认识到这一本质并不容易，要反思这段历史同样需要巨大的精神力量。当战后的德国法学家重新以普遍的正义价值去评价这段历史时，发现维护法律底线的，"若不再能够来自于神的声音，就只能来自于人的良知"。所以，正如本书反复强调的，守护良知和常识或许才是克服法之不法的唯一路径。

但法律所说的常识又是什么呢？仰光老师在书的末章借拉德布鲁赫之口写出，这个常识就是重新回归早期的启蒙主义，重新将那个被掩藏在宏大叙事之下的个体拉回到历史舞台的中央，使作为个体的人作为其自身的根本目的，使人的尊严重新成为对国家、民族、资本乃至法律的制约力量，总之，就是"让人成为人"。

"让人成为人"的道理虽然朴素，却是法律和法学唯一的正义基础，是"超越法律的法"，是法的终极灵魂。历史已经一再证明，如果人的主体性和尊严都被掩盖在国家和民族的宏大目标之下，其所带来的绝对不会是个人自由的增长，相反只能是人道主义的悲剧。

在书写了近五百多页后，本书以以色列学者莫塞赫·齐默曼的一句,"法律人最应该了解这一教训"结束。直至掩合书本,内心的震动依旧未能止息。尽管仰光老师在得知我要写书评时一再叮嘱,不要夸得太多,但不得不说,这本书就是我近年读过的最好的法律书。它的好不只在于史料的翔实、文笔的优美、内容的厚重,更重要的是历经复杂历史的铺陈以及全景描摹的叙事后,它让法学的书写真正回到道义和良心,它填补了法学繁复语词和精细论证背后的精神空缺和道德力量的不足,也再次提醒:法律人的终极使命就是"让人成为人""让法成为法"。

从学术专业角度,《纳粹德国的法与不法》是外国法律思想史知识链条上的填补空白之作;从法律写作角度,这本书是仰光老师的良心之作,也是法律史学者的良心之作。希望有更多的人,无论是学法的还是不学法的都能读到它,因为法之不法的邪恶并不会因为纳粹政权的倒台就彻底湮灭,它会像潜伏在深海里的恶龙伺机卷土重来。而我们所能做的就只有守护良知和常识,这是包括法律人在内的所有公民在这个时代格外艰巨的道德义务,但也是我们对抗专制、暴行乃至极权厄运的唯一武器。

正当程序未必带来正义,但能化解敌意

陈碧读《正当法律程序的早期发展》

在法学院的课堂上,每当讲到世界两大法系——大陆法系和英美法系,就不可回避这个问题:1066年,英格兰被来自法国的诺曼征服,在接下来几百年里,英国的历史与欧洲大陆的历史交织在了一起。照理说,他们的司法制度都应该从神明裁判走向纠问式,最终形成大陆法系,为什么英格兰会另辟蹊径形成英美法系呢?

英格兰一定有什么不同的地方,才能抵抗大陆法系的入侵,成为保护个人权利和自由的港湾。课堂讨论的时候,同学们会列举教科书上的标准答案:英格兰地理位置特殊、受罗马法影响小、哲学基础不同、职业共同体的力量,等等。有个学生没看书,但他的反应很有意思,用结局验证了问题的正确性:"英格兰都脱欧了,就说明不一样。"我哑然失笑,2020年的英国脱欧,或许是草蛇灰线、伏脉千里了。脱欧是个结果,那骨子里的真相到底是什么呢?英格兰真的例外吗?答案在历史的细节里。

这就是《正当法律程序的早期发展》研究的问题。正当程序是英美法系最有代表性的制度,在现代它体现为公法领域的沉默权、辩护权、非法证据排除以及回避、公开等制度,代表了法治国家的基本价值取向。但教科书上的介绍一般是从1215年英国《大宪章》直接跳跃到1787年美国宪法,面对历史的重要时刻和里程碑式的文本,我们不免产生疑惑:权利和自由就这样凭空生长出来?中间发生了什么呢?所以,还是要回到英格兰中世纪末和近代早期的历史,才能解释英格兰为什么能发展出欧洲大陆没有的正当程序。

或许可以这么说,这是一本敌意之书。它讲述了英格兰如何处理中世纪晚期的异端和敌意,又如何祭出法律武器对"敌人"进行野蛮迫害,而处理敌意的回旋镖又是如何伤害了制度的设计者。最终英格兰不得不直面巨大的撕裂,进行自我疗愈,找到了正当程序作为一种不那么坏的司法处理方式,复归社会安宁。

它对于今时今日的极化世界,不失为一种清醒的关照。我们可以想象出一个人和人之间的相似性大于差异性的世界:大到民族国家、宗教信仰、身份政治,异端不一定就是敌人,不一定要迫害,敌意可以在一定程度上被控制和收藏;小到一国的被告席上,站在那里的是个人,而不是敌人,允许他保持沉默、为他提供律师、排除非法证据,等等。对他的权利保护意味着他不是国家可以动用司法资源随意抹去的敌人。从不两立到求共存,从敌人到人,我们宁愿牺牲掉一些真相和正确性，用以换取秩序安宁和文明进步。

一、事件：英格兰如何处理敌意？

公元 5 世纪，随着日耳曼人的入侵，西罗马帝国灭亡，欧洲进入中世纪。大大小小的封建领主和公国各自为政，罗马法被教会法所取代，各国奉行神明裁判。

在一起疑难刑事案件的审判中，担任法官的神父给烧红的铁块洒上"圣水"，祈祷道："圣父圣子圣灵，请降临到这块热铁上，显示上帝的正确裁判吧。"然后，被告人手持热铁走过九英尺的距离。他的手会被洁白的纱布包扎好。三天之后验伤，化脓则被判有罪，反之则无罪释放。这让现代人瞠目结舌，可在那个年代又理所当然。因为真相只能掌握在神的手里，判决的结果因此得到遵守。

但随着国家权力膨胀，王权越来越不满意难以预料的神明裁判，欧洲大陆创建了纠问式诉讼制度。所谓纠问，当事人完全成为审问对象，施以刑讯逼供，毫无诉讼权利，整个社会进入了司法专横和黑暗时代。成千上万来不及申辩就被送上绞刑架与火堆的异端在历史的这一页永无平反之日。

谁也没有想到，英格兰成为一种新制度的发源地，这个小小岛国不经意间成了"梦开始的地方"。当时似乎没有理由认为英格兰和欧洲大陆的司法制度会分道扬镳，因为二者都同样受罗马法和教会法的影响。但"神明裁判"消亡的同时，欧洲大陆和英国的诉讼制度开始沿着不同的方向发展。

这一切，离不开宗教变革的背景。借由本书，作者带我们去观察中世纪晚期到近代早期英格兰社会，揭示了宗教分歧导致的难以遏制的人与人之间的敌意——毁灭，还是共存，就在一念之间。据说本书还有一个名字《被收藏的敌意》，正当程序无疑就是英格兰收藏敌意的一味解药。如作者所言：

> 从西方传统来看，"正当程序"以及与其相关的各种机制、观念和文化，也许是控制甚或隐藏那些获得了私人判断权的现代人之间深刻敌意的最佳处置方案。

敌意从1066年诺曼征服就开始了，诺曼征服英国后面临的严峻形势是，极少数的诺曼贵族必须在一个充满敌意的环境中进行统治。对诺曼入侵者而言，建立一个有效的司法体系来维持社会的正常运转显然是当务之急。在此之前英格兰并没有统一的司法制度，诉讼主要由领地法庭根据地方习惯来裁断。诺曼人既承认这一传统，又将源于法兰克王国的巡回审判制度引入英格兰。此后经由王室巡回法庭与领地法庭的司法竞争与妥协，逐渐产生了普通法。同样，陪审制和令状制度也是英格兰古老传统与诺曼统治者碰撞与妥协的结果。

但在宗教世界里，妥协就没那么容易了。基督教诞生之初就面临着与异端的战争，早期异端与正统之间没有那么清晰的对立，到了中世纪晚期，冲突日益血腥。宗教裁判所对异端的审判都是秘密进行的，法庭倾向于探究和确定当事人的内心状况，迫使他开口陈述其所思所想，口供成为证据之王。通俗点讲，不交代就上刑，不反省就烧死。

因为涉及是否绝对信仰上帝的终极追问，谁都不能沉默，必须按照要求回答，以确定内心的信仰状态。在这一点上，异端就是敌人，对敌人就要逼供，异端和纠问之间有着一种复杂的共生关系。很快地，这种神学上的异端解决方案扩散到了国家政治领域，君主也用了同样的方式去压制那些王权异议者。进而，政治案件的处理方式继续扩散至普通的刑事案件，也就是有罪推定的纠问式诉讼模式。于是，一个迫害性社会呼之欲出，凡是站在被告席上的人，都是敌人，都是高维生物眼中的虫子，可以被指控者以法律武器无情镇压和消灭。

照这么发展下去，似乎看不到任何得救之道，但英格兰的幸运之处在于，王国内部的不同势力之间始终存在着紧张的较量，并各自寻找对自己有利的武器。十六世纪初的英王离婚导致了英国新国教的诞生，宗教自身分裂出无法被消灭的"异端"，既然谁也消灭不了谁，宽容就成为唯一的出路。而英王为了抗衡教会，选择与议会结盟，一时间，天主教会反倒处境艰难、人人喊打。在此背景下，1688年英国发生了光荣革命，议会要求两位君主签署《权利法案》，这份文件声明了英格兰人民古老的权利和自由，其中包含了若干有关刑事诉讼的内容。议会还通过了宽容法，对异教者给予了一定程度的宗教宽容。以这样的方式，人群和社会中的敌意得到了缓解。

此后，在刑事司法领域，被告在审判中受到一系列程序的保护，比如沉默权、排除合理怀疑、排除非法证据等等，最终的结果就是国家通过一场符合正当程序原则的司法活动完成对某个人的指控，不管是政治案件，还是普通刑事案件，结果如何公众都得接受。而它的影响就是：

> 这样一种审判程序，很大程度上阻止了对案件真相的探究。因为如果以案件的真相为最终目标，就不可避免地带来"让被告开口"的需要，现代的"正当法律程序"最终令被告可以在遭到追诉时尽可能保持沉默。长久以来难以化解的政治敌意，最终通过一套从程序角度作设计、在很大程度上阻止对绝对真相进行探究的机制得到了控制。

具体到我熟悉的证据法领域，这样的变化阻止了刑讯逼供，赋予被告沉默权，打开了迫害的死结。为了追求真相，追诉方可以从人证转向物证，从逼取口供转向求助科学解读物证，而十八世纪到十九世纪西方法庭科学的兴起正好为此提供了助力，那就是另一个话题了。

因此，正当程序是英格兰在教会、王权、议会的权力缝隙里产生的，它虽然早在1215年就出现在《大宪章》，但未经敌意淬炼和鲜血浸泡，它不会成为民众口中念兹在兹的基本权利。这个观念如此深入人心，以至于美国独立时直接将其写入合众国宪法——"未经法律的正当程序，不得剥夺任何人的生命、自由和财产"，深远地影响了全球的法律文化。

这是一个漫长的过程，正当程序从一种宣言开始，逐步演化为民众捍卫自己权利的重要手段，成为制约专制力量、控制社会敌意的重要武器，其间有宗教改革、启蒙运动、科学发现的合力。这种结果，显然是事件的参与者没有想到的。他们并不知道自己身在历史的哪一个拼图，正在经历未来会被神话或者裁剪的哪一个时刻，他们只是按照原本的样子，做出应有的选择。

二、亲历者：莫尔、查理一世与李尔本

我们要试着回到历史现场，发现另外一种叙事，这就是参与者的叙事。参与者的亲历，就是历史的彼时彼刻，他们用符合自身处境的真实行为和感受完成了叙事，令我们有更多的机会理解正当程序的意义。

托马斯·莫尔是亨利八世的大法官，是王国里除英王之外权力最大的人。与此同时，他也是虔诚的天主教徒、杰出的人文主义者。在托马斯·莫尔时期，议会对教会法庭针对异端的秘密审判——"依职权"程序提出了尖锐的批评。作为天主教徒，莫尔支持秘密审判。

莫尔的主要观点之一就是，异端案件相比普通案件有很大的特殊性，因此有必要采用特殊的程序，否则无法达成司法目的。在莫尔看来，异端是对国家和平安宁的巨大威胁，而异端案件的特别性质决定了，如果不使用更有效率的"依职权"程序，将很难惩治异端，并导致异端的快速泛滥。

莫尔的意思是，普通法的正当程序很重要，但更重要的是司法效果。法庭必须依靠一些手段撬开被告人的嘴，让他自证其罪。为了这个目的，正当程序应该让步，因为它只属于相对次要的技术问题；只要结果公正，效果达到，某些价值是可以牺牲的。

程序事小，实体事大，多么熟悉的论调，到今天都很有说服力。但敌意一旦蔓延，就可能以难以预料的方式还施彼身。莫尔是我敬重的人，我很不愿将"回旋镖"一词用到他的身上。但事实恐怕就是如此。议会不依不饶地向英国异端法的正当性发起挑战：

> 圣杰曼指出教会现有的异端案件处理程序并非从上帝而来，也不能构成习惯，尤其是该等法律并未"经过人民的同意"，因而必须加以改革。

莫尔数次提出异端法不能改动，因为该法并非英格兰一国一地之法，而是整个基督教世界的共同法。事实上，这就演变成英格兰的共同法与整个基督教世界共同法的对抗。莫尔的论述显然有一个暗示：基督教世界通行的法律，仅仅出于某一个王国的理由是不能改动的。

莫尔的观点不仅剥夺了异端在教会审判中的普通法权利，还将秘密审判的正当性引向立法领域，罪刑法定、程序法定——这个法还是基督教共同的法，怎么可能有错呢？日后，他就是因为这个问题被杀的。他自己也终将面临这样的问题：是英王的法大，还是基督教的法大？

针对莫尔的审判就是一场无法遏制的敌意谋杀。亨利八世为了离婚悍然反抗罗马，但莫尔始终忠诚于天主教会。1534年8月，托马斯·莫尔因为拒绝宣誓承认亨利八世为英国教会的最高首领，同时拒绝解释原因，而被关押在伦敦塔中。他接受了一场既不程序正义又不结果公正的审判，唯一的证人同时就是检察官，陪审团只用了很快的时间就做出了裁定，莫尔有罪，判处死刑。当莫尔不得不承担沉默的不利后果时，他肯定意识到，这就是他曾经审判异端的方式。

在最后的庭审中，当莫尔以"良心"为由保持沉默时，主导了这一系列立法和司法工作的托马斯·克伦威尔指出，眼前的程序正与教会法处理异端的方式相同，教会法庭常常会反复讯问嫌疑人，要求他们明确回答是否承认教宗是教会的元首，并要求他们做出明确的答复。

时间到了1649年，政治性审判也出现在国王身上。从亨利八世发起宗教改革以来，政治性审判被用来压制异议者，只是当这样的审判最终出现在查理一世身上的时候，其中所蕴含的矛盾才显得格外突出。查理一世当然是劣迹斑斑，随意征税、解散国会、发动内战，最终因战败而沦为阶下囚。他在法庭上保持沉默，因为他一开始就不承认这个法庭的合法性。

说到沉默权，托马斯·莫尔在1535年、查理一世在1649年都在法庭上以某种方式拒绝回答法官的问题，各有理由。莫尔以普通法规定的沉默，拒绝法庭对他内心的判决；而查理认为，议会下院没有司法权，他根本无须开口。不过最终，法庭认为，国王背叛他的国家，背叛他的人民。最后查理一世被判处死刑。

他是英国历史上唯一被公开处死的国王，是作为暴君被消灭的。而暴君是人民必须铲除的异端。查理一世之死的荒谬之处在于，国王习惯通过立法和司法掌控人们的内心，莫尔就因为良心不能屈服而被处决。现在，国王自己被当成最大的异端接受审判。虽然这场针对他的审判也号称正当程序，但国王没有律师辩护，庭审过程也相当仓促，更重要的是，查理一世提出的质疑：上议院拒绝参与，而仅仅由下院部分议员组成的法庭到底有没有权力发起对国王的审判？这找谁说理去？无处说理，因为议会已经决定用一场公开的审判来杀死国王。

查理一世的审判结局显然是注定的，就像当年针对莫尔的审判一样。此时的英格兰就是一个充斥着敌意的斗兽场，任你是大法官、国王还是普通人，都无法逃脱想要置你于死地的天罗地网。如书中所言：

> 日益明显的问题是：军队、议会、法庭、死刑，看起来都不足以补救因各人良心的内容有异而产生的分歧，尤其是因分歧而产生的深深敌意，以及由敌意而自然带来的压迫性的立法、司法和行政。

也许是国王的血唤起了人们的反思，在此后的一系列政治审判中，正当程序成为表达权利主张的重要武器。查理一世死去的同一年，约翰·李尔本因为得罪了护国公克伦威尔——批评此人乃是民选的国王，在伦敦市政厅接受叛国罪的审理。照莫尔和查理一世的结局，李尔本的前景应当相当凶险，因为这又是一场政治审判。事实上，1639年这位平等派运动领袖就因"私运禁书"而受审，他以不能事先得知被指控的罪名为由拒绝宣誓，最终被处以鞭刑和罚款。这一轮李尔本依旧毫不畏惧，在法庭上滔滔不绝地为自己辩护。他举出了一系列自己受到的不公待遇，特别援引了英国法权威爱德华·柯克爵士的论述，表示自己经历的这场审判不符合正当程序，包括不能事先得知自己被指控的罪名和证据，不能与证人面对面质证，不能得到律师的帮助，等等。

最后陪审团认为李尔本无罪，法庭内外的人群爆发出巨大的欢呼声。

在很多人看来，李尔本的胜利可能来自他的群众基础，在他被捕之后先后约有十万人签名请愿书送交议会，强烈要求释放他，但他在法庭上最大的贡献是对正当程序的宣传。如前所述，正当程序概念是柯克爵士从《大宪章》的条文中总结出来的，并将其作为普通法权利对抗王权的依据。李尔本在法庭上坚持不答辩，一再诉诸英格兰的古老传统"拒绝说话"，而这一主张就是后世公法中"不得强迫自证其罪"原则，也因此，李尔本成了刑事诉讼法教科书里最著名的沉默权旗手。

但如此使用沉默权恐怕是柯克没想到也未必支持的，柯克"能动"地解释了1215年《大宪章》的相关条款，并将

"正当程序"纳入普通法传统；而李尔本则不走寻常路地发扬光大，将沉默权当成克敌神器。

书中描述了法庭与李尔本的尴尬对峙：

> 与其说李尔本自学了英国法，不如说他自学的是柯克和塞尔登用普通法词汇构建的权利观。因此，尽管当我们检视李尔本案庭审记录时，可以看到法官们很努力地尝试保持法律人的职业操作和技术性标准，在法庭上维持礼仪、给予李尔本发言的机会、向他解释法律规则，但是，他们面对李尔本日益脱离普通法技术规范的热情辩论和群众的欢呼显得手足无措。

在莫尔、查理一世和李尔本的时代，对异端的敌意和迫害逐渐成为对统治秩序的重大威胁，人们在消灭异端的同时，也在瓦解他们赖以生存的公共秩序。本书中虽然没有提及，但熟悉英国史的人都知道都铎王朝和斯图亚特王朝时期充满了骇人听闻的暴行，掌权者个个铁石心肠。亨利八世将莫尔送上断头台，伊丽莎白女王就像罗马迫害基督徒的暴君一样无情，柯克虽被后世认为是普通法的守护者，同时也集残忍、虔诚和贪婪于一身，而克伦威尔和他的清教徒借着禁欲主义更加冷酷无情。查理一世为了保命杀了他的宠臣托马斯·温特沃斯——一个他曾经宣誓永不抛弃的人，结果也没有保住自己的脑袋，走上刑场的时候应该后悔何必当初。清教徒和天主教徒都在绞杀女巫，而英国国教徒不仅绞杀女巫，还绞杀不顺从国教者，此时罗马天主教徒又成了被迫害的对象。看啊，一个都不宽容，一个都不放过。

如何挽救这个迫害性的社会呢？或者换个问法，如何收藏这些无处安放的敌意呢？解药是什么？也许，正当程序是被创造出来的，并非来自天赋人权或者习惯法，而是来自人类解决自己困境的经验，来自血泪和生命的教训。

如本书所言，正当程序的权利是被爱德华·柯克爵士从《大宪章》中提炼出来的，但他的论证并不完全牢靠，之后还有霍布斯和洛克的主权和宽容理论以及发端于英格兰的科学实验精神为正当程序提供理论资源。历史是人的历史，总会有人成为历史事件的亲历者。作为正当程序的亲历者，他们提供着历史的拼图。正当程序，逐渐变得必要、必须且可能。但他们的故事并不是历史本身，有各自的局限性。而后世的讲述也会出于不同的目的进行加工或者截取，就这样，故事变成传说，历史变成神话。

三、良心的神话：我只能如此

关于托马斯·莫尔，这个已经被神话的人，我还有一些话想说。法学院的学生都知道苏格拉底之死和美国的辛普森案，民主投票和正当程序都没有带来公正的结果。这是一个世界性的难题，对我们来说，还有法律移植叠加本土资源的双重危险。正当程序并不足以保证良善的结果，它或者只是一种不那么坏的选择。

莫尔在数百年前就看到了这一点。就像他经历的不公审判,即便有正当程序又如何呢?表面上给予象征性的尊重,但如果不解决这背后失控的道德问题,仍会收获残暴的结果。

莫尔与霍布斯在一个问题上见解类似,就是并不认为一个程序的黑箱能够带来真正的和平与秩序。他理解司法程序的性质,并坚持认为这不构成最终的解决方案。在莫尔那里,最终的解决方案依然在于对人心的塑造。对莫尔而言,基督教的道德信念与教义正统就是不可分割的整体。新教打破教义正统性必然带来道德的破坏,而如果失去了道德的基础,司法程序不过是空空的外壳。

正当程序之下,如果没有良法和道德,未必能收获正义。我出过一本普法读物《正义的回响》,我在签书时经常在扉页签一句"敬法治与美德",天堂里的莫尔应该懂我的意思。莫尔死于对良心的坚守,他的头颅被悬挂在伦敦桥上,仿佛在展示王权的暴烈。亨利八世的判词穷凶极恶,要求割去莫尔的生殖器,挖出他的肚肠,撕下他的心肺在火中烧烤,然后肢解他,把他的四肢分别钉在四座城门上。莫尔慷慨赴死,噩耗传来,他的好友伊拉斯莫赞美他"灵魂之纯洁胜过白雪,在英国从来没有过像他这样的天才,而且将来也不可能再有",他是"适合于任何时代的人"。

在狱中一年多时间里,莫尔三次拒绝宣誓。他与朋友诺福克有一段经典的对话。朋友说,谁不服从国王,谁就没有好结果。莫尔说,我不能违背自己的良心。朋友说,那恐怕你将要付出很高的代价。莫尔回答,自由的代价的确很高。

我经常在想,莫尔在伦敦塔里的日子曾经动摇过吗?毕竟只是宣个誓就可以活下来，连耶稣在十字架上的第九个时辰也曾痛苦地哭泣："神啊，神啊，你为什么抛弃我？"神到底在不在呢？这么做到底值不值得呢？

石黑一雄的小说《沉默》里有个相同的时刻。它讲的是天主教司祭洛特里哥到日本传教的故事。当时是德川幕府的禁教令时代，洛特里哥很快就被抓住。为了信仰，引刀成一快是容易的，但领主的黑暗惩罚在于，他要司祭看着那些教徒们被折磨致死。要想挽救这些人的生命，他就必须弃教。洛特里哥最后放弃了信仰，他在神圣的耶稣像上踏了一脚。

痛苦之际，他问，你为何沉默啊，我的神。

踏下去吧！我就是为了要让你们践踏才来到这世上，为了分担你们的痛苦才背负十字架的。

当神沉默的时候，信仰怎么办，良心要如何坚守？假如你活在一个信仰不自由的时代，在你要付出生命代价的时候，会不会希望神来搭救你呢？但假如神真的搭救的话，那信仰本身就变成了一种交易。《沉默》中司祭弃教后理解了上帝存在的意义——上帝并未选择沉默，而是在以沉默的方式向人类诉说存在，要让信众在别人的身上看到祂的存在，比如在司祭身上，在莫尔身上。

在本书中，莫尔的故事里，他与其说是正当程序的亲历者，不如说是信仰的捍卫者、良心的献祭者。良心到底是什么？莫尔所坚持的良心与中文语境下的良心意蕴不同。中文里的良心是一种道德规范，在西方宗教背景下，经院哲学的良心建立在理性的基础上，而新教的良心建立在意志的基础上。作者在书中谨慎地描述了新教改革的结果：

> 就权威问题而言，路德既然反对教会的一切权威，坚持自己的立场，最终就不得不把落脚点建立在自己的身上。这也意味着，他必然将信仰的方向转向自己的内心。尽管他非常谨慎地申言，自己的良心受《圣经》的束缚。但是，如此一来，他就削弱了良心的理性内涵，也消解了数世纪以来教会建立的所有那些控制个人良心的措施。

新教改革打破了教会对于个人良心的管控，释放出了个人的意志自由。打破管控当然很好，但远远不够。因为掌权的人会说：我的良心才是良心，你的良心就是邪恶，只能消灭，省得害人。

到这个时候，国王的私人良心就不再是他个人的私事，而成为整个国家的公共规范，同时，也就引导臣民个人的良心离开原先由教会设定的客观性，进入由国家法律设定的新客观性。在这个过程中个人必须接受强制的灌注，否则他就成为这个新生领域中新的异端。

推翻旧权威，变成新权威，这是历史上常见的事情，因为专断是人类的本能，宽容却需要学习。在不宽容的时代，莫尔为自己的良心付出了生命的代价。他的良心选择令人难以释怀，因为我们每个人都可能面临人生的关键时刻，应该做何选择，谁来告诉我，谁来支持我？如果觉得莫尔的天主

教信仰太过遥远,马克斯·韦伯在《以政治为业》中的这句话也许有同样的效果:

> 他意识到了对自己行为后果的责任,真正发自内心地感受着这一责任。然后他遵照责任伦理采取行动,在做到一定的时候,他说:"这就是我的立场,我只能如此。"

在中国政法大学的校园里有一块石碑,上面是法大老校长手书的四个字"法治天下"。他生前说,我这一生只向真理低头。这大概就是韦伯推崇的时刻,是莫尔捍卫良心的时刻。那些宗教信仰的殉道者、自由精神的捍卫者,都是为了服从自己的良心、人道的律法、理性的召唤,而不去服从压制他们的权威。我们都有可能在人生的某个时刻走到这样的位置。即便世界愚陋不堪,根本不值得为之献身,仍能无怨无悔,"我只能如此"。因此,莫尔虽然死于宗教和世俗权力的敌意,但他"只能如此"的良心选择是本书刻画得最令人心神激荡的时刻。

四、正当程序的历史三调

回到正当程序的早期发展,同样一段历史,在历史学家、历史的亲历者和神话制造者的眼中是不同的。历史学家讲述事件的前因后果,亲历者讲述着不同的故事切面,而神话是有目的之人事后谱写的意识形态颂歌,如《历史三调:

作为事件、经历和神话的义和团》所言：

> 事件、经历和神话是人们了解历史的意义、探寻并最终认识历史真相的不同途径。不过，它们也是人们根据不同的原则塑造历史的不同途径，反映出来的是完全不同的音调或"调子"。

以李尔本的抗争为例，为什么受到后世的高度赞美呢？因为他代表了进步的共同体。李尔本高呼"沉默权"，反抗特权阶级，反抗专制统治，对他进行的审判是不公正的，这就是一个极度简化的描述。当时代需要某种英雄的时候，他就成了那种英雄。阅读历史要警惕这种"后见之明"。

同样，1215年国王与贵族签署的《大宪章》中特别确认了陪审制度。英国的审判为什么要交给陪审团呢？其中的逻辑是对法官个人判断的不信任，要将罪与非罪的最终决定权交给普通人，凭借他们的常识和良心来决定。如果要继续追问，为什么相信普通人的良心呢？这其实是宗教叙事了。

再如正当程序中的排除合理怀疑制度，"存疑时有利于被告"似乎创设了一个保护被告人的形式，但它最初并不是出于保护人权的目的，它的目的是缓解陪审团的道德疑虑，"万一判错了会下地狱"是来自宗教真实的恐惧，而正当程序恰恰提供了一种合法杀人的道德背书。

本书讲述的正当法律程序的早期历史让我们明白这样一个道理，正当程序并非多么高尚和神圣，它是多种力量的混合产物，包括宗教改革、政治斗争、启蒙运动以及科学精神。这是一场渐进式的运动，是毛坯的，可能进两步退一步的。这是一场自下而上的工程，不可能毕其功于一役，也绝不是靠一部《大宪章》和一批革命者就能完成的。每一代人有每一代人的使命，而他们都在自己应该行动的时候做出了"我必须如此"的选择，所以英格兰才配得上今天的法治文化。

历史上有很多理性的政治设计和理想的法规，却没有得到时势的青睐，在这一点上，正当程序的形成是幸运的。它是一种历史的，甚至是偶然的过程。它的每一项制度都并非有意去捍卫权利和化解敌意，但它事实上起着这样的作用。人们也没有意识到一种妥协、宽容的制度已经在他们中间产生了，它从细节处塑造着整个社会的心智。这也体现了英国立法的特点，绝大多数的法律改变都是间接而非直接的。

当我们不再神话正当程序的时候，正当程序的历史价值反而更加清晰地显现出来。回归到事件本身，本书收获了一个洞见：正当程序缓解了宗教战争、政治斗争、阶级斗争甚至人民内部矛盾中不可调和的敌意，它约束了公权力，放弃了黑箱，提供了可预测性。但与此同时，正当程序也消减了对于事实真相和确定性的追求，它可能带来未必那么正义、公平的结果，但这也许就是现代世界的一部分。

当然，现代世界更大的危机在于越来越走向身份政治的割裂与对立，历史学家的观察是，人都是相似的，人群的差别却不小，只因身份认同会产生极大仇恨和冲突。敌意永不消逝，但人们仍然要追求自由和安宁，我们的天性决定了历史进步的方向，所以，也许历史会以同样缓慢而莫测的方式为我们呈现出一种工具，它同样能起到控制和化解敌意的作用。那这本书就为我们贡献了可能性，它不只是法学的，更是史学的和政治的。

第二章

法律之上还有道德，恶是善的缺乏

这个世界不存在善恶对决，只有善与善的对决

罗翔读《金阁寺》

友人发来金阁寺的照片，让我想起了《金阁寺》这本小说。我其实并不喜欢三岛由纪夫的小说，因为太过虚无以至于颓废。看了现实的金阁寺，会感叹建筑的精美，计算一下金箔的价格。但是看了文本的《金阁寺》，则觉得一切都是虚空，万事毫无意义，美终究毁灭于恶。

《金阁寺》可以归入犯罪心理学小说，取材于1950年金阁寺僧徒林养贤火烧金阁寺的真实案件，据林养贤说他的犯罪动机是嫉妒金阁寺的美，试图通过毁灭金阁寺来获得人生的价值。

小说的主人公沟口家境贫寒，容貌丑陋，天生口吃，无论在肉体还是精神上都有残缺。他的父亲是乡村的寺庙住持，身患重病，为了给沟口谋个出路，临终之前把沟口托付给朋友——也就是京都金阁寺的住持。父亲亡故之后，沟口就开始了他的学徒生涯，生活在父亲所说的世间最美的寺庙之中。"从照片上或教科书里，我经常看到现实的金阁，然

而在我心中，父亲所讲的金阁的幻影，远胜于现实的金阁。父亲绝不会说现实的金阁是金光闪闪之类的话。按父亲讲述，人世间再没有比金阁更美的东西了。"口吃与丑陋，让沟口极度自卑，他幻想着成为"暴君"和"艺术家"。

前者能够让现实中的自卑变为想象中的自傲。"我喜欢阅读有关历史上暴君的书。倘使我是个结巴而寡言的暴君，那么家属们窥见我的脸色，就会终日战战兢兢地生活。我没有必要用明确而流畅的语言来使我的残暴正当化，因为只要我寡言就可以使一切残暴正当化。"

后者则让现实中的丑陋变为想象中美的创造者。沟口无比爱慕金阁寺的美，"金阁已经不是不可动摇的建筑物了。可以说，它化成了现象界的虚幻的象征。这么一想，现实中的金阁的美，就不亚于心象中的金阁的美了"。沟口时常想象着金阁寺毁于空袭与战火，正因为美脆弱易逝，金阁寺的美才变得越发灿烂。

但是战争没有毁灭金阁寺，所以沟口决定自己来烧毁它，只有毁灭，美才能永恒，这是沟口的逻辑。在人类历史上，"暴君"和"艺术家"这两个角色往往都具有某种神秘的可转化性。

古罗马皇帝尼禄是当之无愧的暴君，但他也是艺术的狂热爱好者。在他看来，世间最壮美的景色莫过于让伟大罗马城在烈火中化为灰烬。尼禄和沟口的想法如出一辙，只是沟口没有尼禄的权力。

启蒙运动之后，人们总是对艺术家高看一眼，艺术家的浪漫气质让庸庸碌碌、循规蹈矩的人类生活看到了另一种可能。所以尼采说，"艺术是生命的最高使命和生命本来的形而上活动"。然而，艺术家并不适合拥有权力，这也是为什么柏拉图在《理想国》中要驱逐诗人，浪漫主义并不适合政治领域。

沟口在金阁寺结识了朋友鹤川，这是一个阳光开朗的青年，他本可以安慰沟口的痛苦，让他内心的黑暗不至于蔓延。可惜看似光明的鹤川最终选择了自杀，理想主义者最终还是向虚无主义缴械投降。

柏木是沟口在大谷大学的同学，这也是《金阁寺》的关键人物，这更是虚无主义的代表。他有着天生的内翻足，走路一瘸一拐，因为生理缺陷他愤世嫉俗，认为自己的内翻足正是天选的标志，丑陋本身就是异化甚至超越的美丽，天选之人也拥有定义善恶美丑的权力，"尽管我表面很贫穷，可精神世界却比谁都富有。少年抱有一种难以排除的自卑感，认为自己是被悄悄挑选出来的，这不也是理所当然的吗？我总觉得这个世界的海角天涯，存在着我自己尚未知晓的使命在等待着我"。

《金阁寺》整体的基调是善恶对立的二元论，因此也导致美与丑、光与暗、生存与毁灭的相对主义与虚无主义。在这样一种二元论的哲学观念中，美不再是罪恶的抑制剂，反而成为罪恶的催化剂。"金阁不是无力。绝不是无力。但它是一切无力的根源！"

柏木试图带沟口去寻欢作乐，用肉欲的放纵来消解神圣，但是金阁寺的美让沟口拒绝了诱惑，这不免让人想到有哲人曾经感叹世人的欲望不是太大而是太小，我们就像贫民窟玩泥巴的小孩，以为酒色财气就是人生的全部，认为在泥巴塘玩耍是人生最大的快乐，而完全不知大海边游玩的乐趣。

然而，二元论消解了美的崇高，金阁寺的美只是压制了沟口的小恶，却催化了更大的恶，"美的景色是地狱"，"寺庙一片幽寂。金阁里只有我独自一人。我站在月光照射不到的地方时，就感到金阁沉重而奢华的黑暗包围着我，我心旷神怡，渐渐深深地沉浸在这种现实的感觉中。这种感觉又原封不动地变成了幻觉。我清醒过来时，才知道如今我如实地沉湎于在龟山公园时那种被人生隔绝的幻影里。"

然而，二元论的逻辑是不自洽的，恶从来不具有本体意义，它不过是善的缺乏。这个世界并不存在真正的善恶对决，只有善与有瑕疵的善的对决。世间没有任何一个人可以按照纯粹的邪恶来生活，即便拥有绝对权力的暴君也不行。

因此，善是绝对的，恶是相对的。一旦将恶视为与善平起平坐的绝对，善也必将成为虚无，人类就失去了辨别善恶对错的能力。因为美，所以要毁灭；因为爱，所以要仇恨，这种诡辩的逻辑就会横行于世。

金阁寺是美丽的，但它只是美的物体，而并非美本身。苏格拉底说：花虽凋零，但它的美永在。从这个意义上来讲，金阁寺虽然可以被烧毁，但美是无法被毁灭的。沟口的努力终究是徒劳的。

最美的风景并不属于这个世界，这也是为什么我现在越来越不喜欢拍照，准确地说是不爱拍自己入镜的人物照，我总觉得会玷污美景，越美的风景，越觉得自己不配入镜。

前几天有朋友发来一张绝美的海景照。和我一样，朋友们偶尔会极小范围分享去过的地方，这已不再是显摆，而是不敢独自享受美景，想把它分享给生命中看重的那些人。美景震撼人心，让人自觉渺小，敬畏之余，忍不住与密友分享。

朋友发来一段话，说这个地方是著名的殉情之地，有本著名的小说写的就是这个地方。朋友困惑的是：为什么壮美的风景却让人做出决绝之事？美景与自杀难道有某种神秘的联系吗？我不知道该如何回答这个问题。但这个问题让我觉得刚才的海景照已经没有初看时的美了。

美是一种客观的本真，还是一种主观的感受？情人眼中出西施，还是爱美之心人皆有之？所有难以回答的问题，其实都是困扰我们的哲学命题。哲学并不只是一种思辨，它还是一种生活方式。因为爱所以美，还是因为美所以爱？很多时候，我们并不希望思考这些烧脑的话题。但是未经审视的人生不值得一过，未经思考的概念也不值得轻信。

在我看来，美既是一种客观事实，也是一种主观的感受，这并不矛盾。每个人虽然对美的感受不太一样，有人敏感，有人钝感，有人觉得牡丹美，有人觉得芍药美，但应该没有人觉得大粪池白花花的蛆虫美。

看到这段文字有人觉得恶心了，这也许可以佐证人皆有爱美之心、厌丑之情。如果认为美是一种客观事实，那就意味着人只能发现美，不能定义美。正如圆的概念是人类的发现，而非发明。人类无法将圆周率定义为8.8，即便你想创造一个"发财圆"。

一如世上没有完美的圆，这个世界也没有无瑕疵的美。所有的美景都并非美的本体，它只是美的派生或摹本，因此必然包括杂质。这也是为什么关于这些派生的美，总是充满着主观上美与更美的争论。

世界上无论多么壮美的风景，其实都是有残缺的。但也正是因为残缺，所以在逻辑上证明理念中的美是绝对的。《金阁寺》中的僧人幻想毁灭"绝美"的寺庙，从而让美获得永恒，他在逻辑上的错误是："绝美"之物并非美之本体，它的脆弱易毁恰恰说明它只是美的复制品，因此它的美并不绝对。

人拥有毁灭幸福与美的能力，这也说明我们所拥有的一切幸福都有残缺不全的成分，阴晴圆缺本是人生常态，生活中充满着苦楚。至于能够被人类毁灭的美物也不过是美的一种投射，真正的美是坚不可摧的。

花落花开，世间之美周而复始，不断印证洞穴之外有超越经验的完美；逝水流年，人生悲欢代代相同，不过提醒我们日光之下别无新事。

前段时间重读一位刚刚过世的老者的回忆录，再次感到在历史变迁的大变局中，作为个体如此渺小，也觉得自我平素的焦虑不过是矫情的一种表现。一如十多年前初读此书，我再次看到作者与二十六岁殉国的初恋的爱情故事，还是忍不住泪流满面。初见、再见、不见，每一幕都让人心如刀绞、潸然泪下。读罢此书，我突然想起一个问题，相比于作者和初恋爱而不得的无可奈何，作者与后来丈夫的相濡以沫，哪种爱情更幸福呢？

人能经历的所有爱情故事都是残缺的，最让人刻骨铭心的爱从来都是求之不得的"人生若只如初见"。童话故事剧终都是王子公主幸福地生活在一起，但是剧终之后的锅碗瓢盆、平淡生活才是人生的真相，才是一种命运恩赐的幸运。

因此，在绝美之地选择殉情的恋人，他们也许错误地将世上美景等同于美，将人之爱情等同于爱。他们认为可以在最美的地方结束最美的爱情，让爱得以永恒，这如同火烧金阁寺的僧人，错误地将具象等同于本体。世间无论多美的地方都并非最美，所有的美景待的时间长了，都会令人厌倦，出现审美疲劳。人间无论多么惊艳的爱情都并非最爱，激情过后人也会有所倦怠。人间最动人的爱不是昙花一现、美艳绝伦的烟火，而是恒久忍耐、平平凡凡的烟火气。

《裸颜》中身为奴隶的福克斯说：没有人能够被放逐，因为世界本是一个城邦（No one can be an exile if he remembers that all the world is one city）。所有的旅行不过让人产生一种暂时的脱离，这种脱离并不真实，我们依然还要回到生活的城邦，继续平凡的生活，感恩命运所赐的福分，心中依然有对洞穴之外美的盼望。

真正的美一定是超越这个世界的，但是我们可以在生命中经历美。有一次去参观一个绝美的景点，一位韩国母亲带着她双目失明的孩子，孩子不停地问妈妈看到了什么。妈妈搀扶着拄拐的孩子,耐心地给他讲解。那一刻,我觉得这种美远超金阁寺的美。爱中才有真正的大美。

对极致的追求，是不是存在边界

赵宏读《金阁寺》《沉落者》

我一直觉得三岛由纪夫代表了日本文学的一座高峰，他的作品虽然残酷暴烈，但极具哲学性。相较而言，川端康成就显得非常软弱虚空，我尤其讨厌他小说里对女性的处理，不是像层雾就是像团雪，总之只是美的器皿和工具，完全不具备任何主体性。他写艺妓、写茶道，甚至写和服制作师，并借由书写这些女性来书写日本文化，但很大程度上写的无非就是男性对完美女性的意淫。除了《千只鹤》，我对他其余作品都完全持保留态度。

相较之下，三岛对女性的书写是另一个极端，大概因为同性恋的缘故，他作品中的女性大概除了《假面的告白》里性格顽固的祖母，几乎没什么好人。他好像完全不同情女性，相反还把世间所有的丑恶、卑劣、软弱、虚伪都加诸女性身上，总之就是个极端的"厌女症"患者。但很奇怪，撇开政治上的不正确，我仍旧觉得他写得很好。大概是因为在东大学习德国法的缘故，三岛的文笔有种奇异的冷峻，同时又有大部分作家都很少能企及的瑰丽。两者结合就会生出"菊与刀"的意向，一种日本的意向。尤其是他为人心所有的丑恶都赋予形式，给予其说明，进行几乎像手术一样精准到极致的描摹，读完后虽脊背发凉但仍旧觉得从未有过的澄澈刺激——我每次这么解释时，大部分朋友的反应都是你好变态，但这不就是学法律应该了解的犯罪心理吗？

在三岛所有的作品里，《金阁寺》影响最大，也可算其艺术巅峰之作。小说的故事取材于1950年金阁寺僧徒林养贤因为嫉妒金阁寺的美而火烧金阁的真实事件。据说三岛为了写好这个故事，不仅细致了解了金阁寺的建筑特点，还研读了大量佛教典籍。小说摆脱了所谓为了留存美而毁灭美的简单叙事，而是将二元对立与二律背反写到了极致。

软弱的父亲和贪婪的母亲对立，天真开朗的鹤川和邪恶卑劣的柏木对立，道德和放纵对立，光明与黑暗对立，生存与毁灭对立，而代表了极致之美的金阁则和这世上所有的恶对立。主人公沟口就是在这种对立中撕扯最后崩塌。看到美国大兵在金阁寺强迫沟口去踩踏妓女肚子的这个情节时，我甚至觉得沟口的处境大概也是三岛眼中战后日本的镜像。因为金阁寺的存在，沟口最初还能拒绝寻欢作乐的肉欲刺激，但父亲和好友鹤川的相继离世，目睹金阁寺方丈的淫秽堕落，以及被柏木精神操控，开始让他在二元对决中慢慢失衡最终为恶所彻底俘获。文章的结尾极具毁灭性，沟口放火烧掉了作为美和善的化身的金阁寺，也寓意其彻底打破了横亘在他和邪恶之间的所有阻隔。

罗翔老师在读《金阁寺》的文章里写，"二元论消解了美的崇高，金阁寺的美只是压制了沟口的小恶，却催化了更大的恶"。在我看来，这可能也曲解了三岛的意思，他所书写的，更多还是美的易碎性以及恶无穷无尽的诱惑性和难以想象的破坏力。所以那堵界分善恶的高墙其实并不存在，就算有，就算是美到极致的金阁，可能也没那么牢不可破。人在一点点的侵蚀之下就会被恶所俘获，而从此岸跃居彼岸。而诱惑、欲望与人心的逐力又是持久存在的，人根本不可能因为瞬间顿悟就彻底变成完人，所以，一次的、偶然的胜利也不值得庆祝，相反，一次的失败会造成无法挽回的后果。在这一点上，无论是三岛的《金阁寺》《爱情的饥渴》还是《禁色》，尽管主人公的背景各有不同，但最后为恶所彻底俘获，进而走向崩塌的人生境遇都一模一样。

三岛在《金阁寺》里还反复谈及一桩"南泉斩猫"的禅宗公案，但最终也没给出自己的解释。这则故事里，闲寂的山寺里出现了一种形状美丽的小猫，也引发东西两堂和尚的争执，南泉和尚目睹这一幕，将镰刀架在小猫的脖颈上说："众生得道，它即得救，不得道，即把它斩掉。"众人没有回答，南泉和尚就把小猫斩了。这一幕写得相当血腥，似乎寓意要斩断一切妄念就必须通过残酷的实践。就像小说结尾谈到的《临济录》的一段，"逢佛杀佛，逢祖杀祖，逢罗汉杀罗汉，逢父母杀父母。"但以自己为刀就可以斩断所有的矛盾和对立吗？可能不行。

南泉和尚后把斩猫的故事讲给了晚归的赵州和尚听。赵州和尚听了,将脚上满是污泥的草鞋脱下,顶在头上,走出门去。

我们每个人的终身也许就得像赵州和尚将草鞋顶在头上一样,顶着所有的矛盾挣扎踯躅前行。善与恶、光明与黑暗、节制与放纵、存在与毁灭的二元对决永远存在,这就是生的本质。

《金阁寺》写了一种对美的极端立场,因为无法企及,因为来回撕扯而彻底毁灭美。《沉落者》则提供了另外一种叙事。这本小说以我钟爱的钢琴家格伦·古尔德为背景展开,书写了天才身边的两位好友,在目睹了古尔德的旷世奇才后如何自甘沉落。如果没有遇到古尔德,两人大概都会成为优秀的钢琴家,但只是在目睹年轻的古尔德弹奏了《哥德堡变奏曲》的几个篇章后,他们的内心已然崩塌,沉落和死亡也就此拉开序幕。

古尔德在此似乎就是那个美到极致的金阁寺,他没有被毁灭,相反却带来了他人的毁灭,他的存在轻而易举就击溃了其他人的生存信心。小说里作为古尔德好友的韦特海默尽管在结识古尔德后就彻底放弃了钢琴,但终其一生都笼罩在这个天才的阴影之下,他竭力效仿古尔德的人生,甚至效仿他的猝然离世。他的厄运就在于他认清了自己根本不是天才,却又根本无力接受这个现实。这大概就是我们每个普通人的映照,我们大多都没有过人的天赋,如何接受这个现实且抱着这种不完美生存,大概是一生都要克服的难题。

但真的成为像古尔德一样的天才就幸福吗?小说里并没

有正面书写古尔德，只是谈及他对艺术的狂热，他说，"在巴赫和钢琴之间，我只愿做那架钢琴，在我们中间不再有格伦·古尔德"，在发现窗外有棵树影响他练琴，他立刻就取来铁斧和钢锯将其砍断。他在艺术世界里毫不畏惧，他会排除一切障碍抵达巅峰。

但最后他自己也成了艺术的献祭。真实世界里的古尔德大概比小说还要疯狂，他甚至觉得观众和音乐会都已经成为他通往艺术巅峰的阻碍，他将自己彻底封印在巴赫的世界里，拒绝所有他者的进入。对于艺术的极致追求的确使他提供了迄今最让人惊叹的巴赫版本，他在二十多岁和五十岁录制的两版《哥德堡变奏曲》成了包括我在内的很多人的心灵安抚，但他自己在五十岁时就猝然离世。每次想到古尔德，我总会想到托马斯·曼《浮士德博士》里与魔鬼签约的莱韦屈恩。如果真的将极致的艺术追求视为自身的目标，这到底是幸运还是不幸？

艺术本身就拒绝理性，极致的美更需要奉上自己作为献祭，但对极致的追求是不是存在边界？这个边界到底在哪儿，才不会彻底地堕入毁灭？即使反复读这两本书，我也依旧没有答案。但文学的作用似乎也不在于提供答案，它只是揭示了美的诱惑和危险，所以上升还是沉落大概都是残酷的宿命。

平庸之恶的本质在于放弃思考

李红勃读《艾希曼在耶路撒冷》

二十世纪纳粹集团的屠杀和侵略，给欧洲带来了前所未有的灾难，在众多受害者中犹太人首当其冲，有近六百万犹太人惨遭杀害。《艾希曼在耶路撒冷》这本书是关于二战结束后在耶路撒冷的一场纳粹战犯审判，被告人叫阿道夫·艾希曼，一个罪行累累却又普普通通的德国党卫军军官。犹太裔美国政治理论家汉娜·阿伦特以记者身份记录了庭审并写了这本书。这本书中的诸多观点引发了巨大争议，有些人认为阿伦特眼光犀利，洞察到了人性和极权的本质，也有人比如同为犹太人的政治哲学家以赛亚·伯林就认为，阿伦特太过自以为是，缺乏同情心，她在《艾希曼在耶路撒冷》一书中表现出了"令人难以置信的傲慢"。

一、耶路撒冷的审判

《艾希曼在耶路撒冷》这本书中，阿伦特不仅是作者，同时她也是受害者，因此，了解她的身世和经历，有助于更好地理解她在书中进行的思考和提出的观点。

汉娜·阿伦特1906年出生于德国汉诺威一个犹太人家庭，她在马堡和弗莱堡大学读哲学、神学和古希腊语；后转至海德堡大学大哲学家雅斯贝尔斯的门下，于1928年获得博士学位。年轻时的阿伦特抽雪茄，才华横溢，思绪精彩纷呈，在同龄人中拥有一大群粉丝，他们给她起了个绰号，叫"智慧女神雅典娜"。阿伦特曾参加犹太复国主义组织，曾在纳粹掌权后短暂被捕。1933年，德国的反犹气氛日渐形成，山雨欲来。阿伦特仓皇出逃，先是流亡到巴黎，随后在1941年辗转来到了美国。1951年，在发表了她最具代表性的政治哲学著作《极权主义的起源》后不久，阿伦特被接纳为美国公民，从此结束了自1933年起的无国籍状态。1954年开始，阿伦特先后在美国加利福尼亚大学、普林斯顿大学、哥伦比亚大学开办讲座，后担任芝加哥大学教授。随着一系列著作的出版，她开始成为二十世纪政治思想史上的瞩目人物，是家喻户晓的人文知识分子。

1961年，汉娜·阿伦特受美国《纽约客》杂志委托，赴耶路撒冷报道阿道夫·艾希曼的审讯。作为党卫军军官，艾希曼在二战期间负责将成千上万的犹太人用火车运送到集中营，是希特勒屠杀犹太人的所谓"最终方案"的运输总指挥。二战结束后他潜逃至阿根廷隐姓埋名，不料在1960年被以色列特工秘密逮捕，押解回以色列。1961年2月，艾希曼在耶路撒冷接受审判，这是当时震动国际的重大事件。

作为从纳粹集中营里逃脱和幸存的犹太人，阿伦特说：

我错过了纽伦堡审判，现在可能是我唯一的机会，参加这次审判是我对过去的义务。这场审判旷日持久，前后一年多。阿伦特旁听了整个庭审，阅读了大量材料，包括庭审记录、艾希曼的笔录、公诉方提供的档案、十六位证人的证词、艾希曼本人所写的七十页说明以及相关的专著、论文和新闻报道。在此基础上，阿伦特将这场公审的详细报道在《纽约客》上分五期连载，并于当年出版了《艾希曼在耶路撒冷》一书。这本书被她加上了一个极富哲学意味的副标题——"一份关于平庸之恶的报告"，从此以后，"平庸之恶"这一概念成了阿伦特思想中的一个标签和招牌。

《艾希曼在耶路撒冷》对艾希曼一案的审判过程进行了详细而冗长的记叙，其中谈到了艾希曼从一个普通人到纳粹犹太问题专家的过程，他在希特勒主导的灭绝犹太人的计划中发挥的作用、庭审中检方对他的指控以及艾希曼及其辩护律师所做的反驳，等等。

包括艾希曼在内的德国纳粹战犯，在接受审判时几乎都有一个相同的辩护理由：自己当时的行为只不过是在执行国家的命令和法律，而守法的行为不能构成犯罪。这个问题，不仅是耶路撒冷的艾希曼审判的焦点，也是早年德国纽伦堡系列审判的核心争议。

在艾希曼看来，在当时的纳粹德国，法律以元首的命令为准，按照元首的命令行事，是每一个守法公民的基本义务，况且自己还是一个党卫军军官。因此，正如他在法庭上一遍一遍所重复的：自己只是在履行责任，他不仅服从命令，还遵守法律。在法庭的最后陈述时，艾希曼也说道：自己并非仇恨犹太种族之人，也从未想过成为人类的谋杀犯，自己的罪过仅仅在于服从，而服从曾经是备受称颂的美德。艾希曼的辩护律师在接受采访时说："艾希曼认为自己在上帝面前有罪，而非法律面前。"

对于像艾希曼这样的人而言，如此行事似乎也算正常，在那样的环境下，他们被灌输的观念就是如此，第三帝国的绝对命令就是："你要按照可能会得到元首赞同的方式行事。"因此，艾希曼曾经信誓旦旦地宣称，自己终其一生都在实践着康德的道德律，按照康德的义务概念行事。

法庭不接受艾希曼的辩护理由，他被判有罪。1962年6月1日，艾希曼被处以绞刑。

二、平庸之恶及其根源

艾希曼为自己所做的辩护，触及法哲学中一个核心的命题，那就是恶的法律还是不是法律，遵守恶法的个人行为是否应受到惩罚？这个问题，是西方法学中一个重要命题，涉及自然法学说和西方法律实证主义之间的分歧。

自然法学说是源于古希腊的历史悠久的法学思想，类似中国古代的儒家思想，它认为道德乃是法律的底线和标准，法律的合法性取决于其内容的正当性，任何违背人类道德底线的法律就是恶法，恶法是非法无效的，公民没有义务去遵守。与之对应的则是法律实证主义，它主张从形式和逻辑层面对国家的制定法进行客观研究，反对用法律之外的道德标准对法律进行价值评价。在法律实证主义看来，法律不外乎是国家主权者的命令，法律的强制力依赖其制定过程的外在形式，只要是国家立法机关依据程序颁布的法律，就是有效之法，即使其内容不合道德，所有人均须遵守，即"恶法亦法"。纳粹时期，法律实证主义毫无疑问成为帝国的主流法律学说。

艾希曼及其律师的辩护就属于典型的法律实证主义观点：法律是国家制定的，它对所有公民均有约束力，自己参与灭绝犹太人的行动就是在执行上级的命令和国家的法律，因此，如果要说自己的行为是犯罪，那把自己变成罪犯的不是自己，而是国家法律。你不能要求一个小小个人去承担那个时代和历史的责任，不能让个人去做替罪羊，因为，他就生活在那个时代和国家，他只能遵守和执行当时的国家法。在第三帝国的官员们看来，希特勒的命令就是法律的绝对核心，按照元首的命令去实施国家计划，就是在执行法律。

第三帝国灭绝犹太人的活动是在严密而精致的法律之下，由庞大的国家机器有序进行的。对此，阿伦特指出，第三帝国这些法律层面的繁文缛节不仅仅体现了德国人谨小慎微和全面彻底的性格，也为纳粹所作所为的合法性披上了一件漂亮的外衣。然而，在国家法律之外，每一个个体还会有良知和人性，即使法律告诉你可以杀人，但良知的声音也会对每个人说："你不可以杀人！"因此，诚如自然法学派所主张的，那些与我们人的良知无法兼容的、会让人在内心无法接受和感到恐怖的法，将不再是法，将彻底失去法的合法性和正当性。许多德国人，包括纳粹在内，他们大部分人都会倾向于不去杀人，不去抢劫，不去眼睁睁看着自己的邻居一个个踏上死亡列车，不去在残暴罪行中添一把柴，成为帮凶。然而，可怕的是，像艾希曼这样的人，他们是如何克服了这种良知上的谴责，而决绝地走上作恶之路呢？

艾希曼曾被人们描绘成一个"杀人恶魔"：他残暴、邪恶、反人性，具有虐待人格，对暴行充满了变态的满足感。总之，艾希曼身上的恶，是一种极端的恶。然而，从阅读审讯卷宗开始，到面对面冷眼观察坐在被告席上的艾希曼，阿伦特所看到的只是一个"中等身材、脑门半秃、近视眼、脖子干瘦"的油腻的中年男人。六位心理学家都证明，艾希曼非常正常，他对待妻儿、父母、兄弟姐妹以及朋友的态度，不仅正常，甚至值得称道。因此，阿伦特发现：被人们描绘成一个十恶不赦的"恶魔"的这个人，实际上并不拥有鲜明的个性，他基本上就是一个平凡无趣、近乎乏味的人，他的"个人素质是极为肤浅的"。所以，艾希曼身上的恶，并非极端之恶，乃是一种"平庸无奇的恶"，简而言之，即"平庸之恶"！

那么，类似艾希曼这种平凡无奇的普通人，这种平庸的"办公室牛马"，为什么能够制造出人类历史上罕见的惨剧，导致这种平庸之恶的根源在哪里呢？

在仔细研读了以色列警方对艾希曼所做的三千多页的审讯记录以及冷静观察了艾希曼在法庭上的表现和回答之后，阿伦特逐步形成了一个结论：艾希曼平庸之恶的根源，在于艾希曼作为个体思考能力的缺失，以及极权体制对个体的这种无个性化特质的塑造。

在阿伦特看来，艾希曼这个人在骨子里既没有仇恨也不癫狂，他并没有无尽的嗜血欲。签发处死数万犹太人命令的原因在于他根本不动脑子，他像机器一般顺从、麻木和不负责任。艾希曼不是天生的恶棍，也不具备那种"成为恶棍"的决心。除了不遗余力地追求升迁发迹，他根本就没有别的动机。就连这种不遗余力追求升迁的动机本身也没什么罪，他肯定不会杀害他的上司而取代其位置。用大白话说，他只是从未意识到自己在做什么。

阿伦特运用极权制度的意识形态性质来分析这样一个平庸无奇的人为什么卷入深渊般的恶而无法自拔。纳粹极权体制的可怕就在这里，它通过一套制度和意识形态将个体的人格个性彻底消灭，在他们头脑中植入一个以谬论和邪恶为基础的所谓新的"正义"观。除了保证忠诚的法律制度外，纳粹还通过使用新的"语言规则"来解说他们的反常行为，炮制了五花八门的概念体系来欺骗和伪装，比如"灭绝""杀掉""消灭"都由"最终解决""疏散""安乐死""特殊处理"来表达。在这样的极权体制下，个人人格被高度统一，个人成为庞大的国家机器上的零件，从而，盲目服从成为最大的美德。因此，在1945年5月8日德国战败那一天，艾希曼内心充满了无助、迷茫和惶恐："我感觉到我将不得不过上没有领导、异常艰辛的个人生活，我将得不到来自任何人的任何指示，再不会有任务和命令指派给我，也没有可资参考的规章制度了。总之一句话，一种前所未闻的生活横在我的面前。"

恻隐之心，人皆有之。作为普通人，当看到犹太女人、孩子、老人被一批一批屠杀时，艾希曼他们的良心会如何安放呢？阿伦特指出，在纳粹统治集团中，希莱姆最擅长解决良知问题，他创造了大量口号，比如"我的荣誉叫作忠诚"。常人在面对生理折磨时，都会有本能的同情，那么该如何说服自己的良心呢？希莱姆设计的对策很简单也很有效：让这些本能转向，不再对他人，而是对自己产生同情。于是，人们不再说"我对这些犹太人做了多么可怕的事啊"，而是说"我得承受多大的痛苦才能完成这么可怕的任务！这任务给我造成了多么沉重的负担啊！"

通过一套意识形态体系，纳粹成功地颠覆了人们头脑中的合法秩序和正当观念，传统的善被描述成一种诱惑，大多数德国人需要学会去抵制这种诱惑。在黑白颠倒的世界里，艾希曼们慢慢不再觉得自己的行为是在行凶作恶。艾希曼骨子里相信，杀人不算什么。艾希曼曾宣称自己遵循康德的道德律，但他的理解是完全错误的，康德的道德律同人的判断力密不可分，而这种判断力与盲目服从根本就是两回事。

阿伦特似乎在提醒人们，平庸之恶的根源在于个体在社会的普遍道德原则崩溃后丧失了独立的思考。因此，要抵制这种恶，只能依靠一种孤寂之思，一种自我与自己的无声对话。以此，唤醒良知，并坚守良知。

三、阿伦特引发的巨大争议

阿伦特的这本书，引发了巨大的争议，遭到了很多人的质疑甚至仇视。其中就包括阿伦特的犹太同胞们，他们认为阿伦特背叛了自己的民族，还有学术界的同行，他们认为阿伦特简化了对大屠杀的分析，而这是肤浅和不负责任的。

对阿伦特的仇视首先来自一些犹太人群体。按照多数犹太人的观点，纳粹统治时期，犹太人是典型的受害者，而在耶路撒冷的审判中，犹太人是指控者，以色列主导的这场审判，应该是全体被害者的控诉大会。

然而，阿伦特竟然想借助解剖艾希曼的机会，去完成另一桩思想冒险，去解剖犹太人。她引导读者去思考这样一个问题：无论是在纳粹时期还是在审判期间，犹太人是完全无辜的吗？这是一个政治不正确的冒险，也许正因为阿伦特是犹太人，是纳粹暴行中的犹太受害者，所以她才有胆量和资格去做这可怕的探索。

阿伦特在书中指出：1942年1月的万湖会议，启动了"最终解决方案"。会议之后，整个纳粹德国的官僚机器开始有序运作：外交部负责协调与占领国或协作政府的沟通，法律机构拟定了剥夺受害人国籍的条款，财政部和帝国银行准备好了接受巨额赃款的方案和设施，交通部负责安排运送犹太人到死亡集中营的交通工具。在这其中，犹太人团体也积极参与，他们没有抗议，没有拒绝，而是与纳粹当局进行合作。

艾希曼及其下属将每节车厢拟装载人数报给犹太委员会元老，后者再提交乘客名单给艾希曼。无论是在阿姆斯特丹还是华沙，在柏林还是布达佩斯，犹太官员们被委任去拟定人员及财产名单，负责分发红色星标，从被遣送者手中收取钱财作为交通费和灭绝费，监督清空公寓，协助警方抓捕犹太人，再把他们送上火车，把犹太社团的财产上交充公。总之，整个最终解决计划的执行，没有犹太人团体的筹划和配合，是完全无法做到的。

在犹太团体的配合协作之外，犹太人的道德和文化使得他们如同温顺的绵羊，毫无反抗。他们非常顺从，积极登记姓名，填写大量表格，回答关于个人财产的问卷，然后到达集合地点，有序踏上列车。在纳粹对犹太人进行分类之后，德裔犹太人优先于外来犹太人、当兵犹太人优先于未当兵犹太人，他们很享受这种等级，并以自己被列入更优等级而庆幸。

在对犹太人团体及其元老们在纳粹屠杀中的言行提出批评之后，阿伦特还把矛头指向这场审判，她用一种纯粹的，几乎是冷酷的理性来讨论以色列人围绕大屠杀所做的文章，公然质疑法庭审判的公平性。她指出，这场审判并不是一场单纯的个案审判，而是一场政治性的群众审判，这场审判的主角并非法庭上的法官，而是以色列总理本-古里安。正是这位以色列总理决定从阿根廷绑架艾希曼，并将他带到耶路撒冷来受审。所以，本-古里安不仅是当之无愧的"国家建筑师"，也是这场诉讼中隐形的舞台幕后经理。虽然他本人从未参加过一场庭审，但法官就是他的传声筒，代表政府的公诉人也是尽其全力听从于这个主人。更重要的是，法庭几乎从一开始，焦点就发生了偏离，法庭本来应该审判的是艾希曼的个人行为，但最终的结果是：犹太人的悲剧成了万众瞩目的焦点，被审判的对象不再是玻璃间里那个脸色苍白的中年男人，而是德国人乃至整个人类，是反犹主义和种族主义。艾希曼不再是一个具体的人，而被迫成为一个形象和符号，他成为所有罪孽和暴行的代言人。公诉人豪斯纳在法庭上指着艾希曼大骂："是这个魔鬼造就了一切。"这句话可以说代表了整个以色列的声音。庭审中控方多次举办新闻发布会，允许电视采访，并频繁地将视角转向观众，也允许戏剧化成分的存在。就这样，这场本来应该严肃的司法审判成了一场秀，成了给犹太人、异教徒、以色列人、阿拉伯人上的一堂课。阿伦特明确地指出，这是不公正的，司法正义要求最大程度的回避，允许悲痛但不要愤怒，杜绝成为万众焦点的那种快感。就这场诉讼而言，受审的不是一个具体的个人，也不仅仅是纳粹当局，而是整个历史上的反犹主义。阿伦特指出，这显然与艾希曼审判的目的相矛盾，从而，艾希曼的命运从一开始就是注定的，他成了一个历史的替罪羊！

尽管对最终的死刑判决结果表示满意，但阿伦特对审判的性质和过程还是勇敢地表达了疑问——"审判的目的是表现正义，而不是别的"，不是"复仇"及展示"耻辱"。这种眼光超出了对于种族和地方的认同，她着眼的不是受害者，而是行为本身。在阿伦特看来，艾希曼应为他的"反人类罪"而不是"反犹太人罪"受审并受到惩罚。

阿伦特在《艾希曼在耶路撒冷》中过于冷静的立场，遭到了来自犹太人的批评："阿伦特傲慢地对纳粹浩劫的受害者进行审判；她批评战时犹太人领袖的语气是恶意的、无情的、完全不恰当的；她被某种受虐狂甚至自我仇恨所感染，要求犹太受害者'承担责任',而开脱了非犹太人承担罪行的责任。"

同时,在学术界,学者们也提出了很多批评,尤其是针对书中提出的"平庸之恶"或"恶之平庸"这一概念。

阿伦特用"平庸性"而不是"平常性"来指称艾希曼的恶,它是反思能力匮乏的结果。身体不锻炼就会虚弱,而头脑不思考就会平庸。一个人越是肤浅,越是拒绝思考,就越可能向恶屈服。"恶来源于思维的缺失。当思维坠落于恶的深渊,试图检验其根源的前提和原则时,总会一无所获。恶泯灭了思维,这就是恶的平庸性。"

在更深层次上,阿伦特认为,纳粹对犹太人的屠杀,本质上是把犹太人看成多余的东西,从而彻底否定了人类当中一部分人的生存价值,否定了人类存在的多样性,这种恶已经超出了康德的道德哲学框架,也无法从"人能理解的动机"来解释,它与历史上任何传统的罪行都不同,是一种完全新颖的现代现象。

阿伦特的上述观点,在该书出版时就受到了质疑。到了今天,即使在半个多世纪之后,在美国学界,诸种因素促使围绕阿伦特《艾希曼在耶路撒冷》的论战再次升温。争论主要还是围绕"平庸之恶"这一观点展开的,批评者们质疑"平庸之恶"在事实及理论层面的合理性。他们认为,虽然这一观点非常有助于人们思考现代科层制中的人性问题,但以"平庸""无思"来理解艾希曼,却是阿伦特对艾希曼的历史真实面貌的误读。误读的原因,则是阿伦特未能摆脱海德格尔思想的影响,以及她对纳粹之恶"过于复杂的简化"。

其实，早在这本书的写作阶段，阿伦特就预感到这本书将可能引发巨大的争议，但她可能还是低估了其激烈程度。阿伦特以"恶的平庸性"来刻画艾希曼及他所代表的极权主义恶行，认为艾希曼作恶是出于"不思考"。这一论断不仅与耶路撒冷法庭控辩双方及其背后的主流观点相冲突，而且也与传统对恶的理解发生抵牾。阿伦特在书中强调犹太内奸与艾希曼的勾结合作关系，对以色列法庭审判合法性不足的批评，以及她在更深层次上对犹太人在历史边缘状态的"无根基性""无政治性"所做的直言不讳的批评，在整个犹太人社会引起了轩然大波，也彻底激怒了以色列这个新兴的犹太国家。这本书不仅引起犹太读者的抗议，还导致一些朋友与她绝交，阿伦特从而被打上了"自我憎恨的犹太人"的标记，成了最受憎恨的美国籍犹太人。不仅有多个犹太组织雇用学者对她的作品进行地毯式阅读以找出错误，连她年轻时与哲学家海德格尔的一段情感私生活也被人拿出来展示，她被刻画成一个被纳粹老教授、有两个孩子的已婚老男人色诱的笨女人。对于自己的作品遭受的抨击，阿伦特在十几年后承认一些表述确实有误或者夸张，尤其对于"平庸之恶"这个被人误解和标签化的概念的使用她表示道歉；对于自己不爱犹太人甚至憎恨犹太人的指控，在传记电影中，阿伦特对此的回应是："我从来不会爱上一个抽象的民族，我只会爱我的朋友们，那是我唯一能爱的。"

如果说耶路撒冷审判是对战犯艾希曼的一次法律审判，那么，阿伦特的这本书则是对催生和容忍纳粹暴行的德国、犹太社会乃至全人类的一场精神审判。作为二十世纪极富特色的政治哲学家，阿伦特着眼于社会危机与道德困境，从个体人性层面思索政治、责任与道德，犀利地发掘出恶的肤浅性，揭示人类主体性思考与自我认知缺位的道德境遇。现代道德哲学中存在着行动者与行动之间的分裂，体现为行动者的责任感与责任能力、道德理由与道德动机的分离。因而，阿伦特提醒我们：唯有确立了意愿、意志与理性的关联，才能弥合这种断裂，从而为思考集体罪行中的个人责任问题找到新的理论资源。唯有如此，人类才可以真正从过往的罪孽与灾难中吸取教训，从而走上捍卫个人尊严的道路。

虽然遭受到了巨大的压力，甚至连好朋友都与自己断绝了关系，但阿伦特并没有屈服和改变，她认为人应当忠于自己的思考。阿伦特身上那种不屈不挠、斗争到底的倔强劲，被德国导演冯·特洛塔在其2012年的电影《汉娜·阿伦特》中淋漓尽致地进行了刻画与描述。这部电影上映后赢得了许多赞誉，也招致了不少批评，这些赞誉和诟病，与其说是针对电影本身的，不如说是针对《艾希曼在耶路撒冷》这本书的，书中的命题引发的争议，相信还会继续下去。

每个少年的心里同时住着天使与魔鬼

陈碧看《涉过愤怒的海》《告白》

2024年3月，河北邯郸发生了三名不满十四岁的未成年人将同学杀害并掩埋的案件，最高检核准追诉之后，两名主犯分别被判无期徒刑和有期徒刑十二年。这样的判决结果，不应该是宣泄了报复，而是为了预防，也不放弃挽救的希望。面对罪错的少年，必须直面这些问题：刑法的惩罚方式是否与未成年保护相冲突？少年犯罪是谁之过？留守儿童现象是不是少年犯罪的真问题？什么才是"未成年人的友好环境"？本文将结合文学、影像，讨论那些低龄少年的罪错问题——如何帮他们涉过这片危险的海。

一、法学界的争论：教育还是惩罚

众所周知，因未成年人的大脑额叶发育不充分、决策缺乏经验、短视化等生理、心理特征，世界各国均对未成年人的违法犯罪给予较为宽缓的刑事处遇。形象地说，他们成熟的外表下有着幼稚的头脑，就像汽车的发动机搭载着自行车的刹车。同时从功利主义的角度，对他们的宽缓处遇也有利于他们回归社会。因此，我国少年司法一直坚持教育和保护，对未成年犯从轻、减轻处罚。但近年来低龄犯罪案件频发的态势使得公众对这种理念产生了怀疑，它会不会根本无法实现矫治和预防未成年人犯罪的目的，反而纵容了犯罪？

怀疑和怒火是从一些未成年人相害案件中产生的。2019年，大连十三岁男孩残忍杀害十岁女童，被收容教养三年。2020年，永宁十二岁男孩杀害六岁表妹，以家属赔付收场。2021年，河南两名十三岁少年酒后杀害同学，羁押三十七天后即被释放，由各自父母监管。在这些案件中，未成年人选择了更为弱势的同龄、低龄为其侵害对象，二者的权利保障存在冲突：杀人的是孩子，该保护；被害的就不是孩子吗？谁来保护他们？这些恶性案件导致了2020年《刑法修正案（十一）》中刑事责任年龄的下调。自此之后，刑事责任年龄被有条件地下调到十二周岁。

2024年4月16日，最高人民法院公开关于此条款的最新司法情况，称"截至目前，人民法院共审结此类案件四件四人，犯罪人年龄在十二至十三岁之间，被依法判处十至十五年有期徒刑"。从现实来看，主张加大惩罚力度、降低刑事责任年龄的观点似乎已经占据主导地位，但围绕这个问题的争议并未平息，邯郸案后又一次被激烈讨论。

反对者认为，导致未成年人违法犯罪的根源是家庭监护、学校教育、社会治理，简单地对未成年人定罪量刑，不仅难以遏制违法犯罪，反而是一种回避问题、转嫁责任的做法。应将重心放在独立少年司法制度的建构上,提倡和落实"以教代刑"。肯定者认为,刑法不能固守法律的逻辑命题,必须迎合社会生活的实际需要。低龄入刑能够满足公众的安全感和正义感,也体现了对被害人权益的综合保护。还有论者将关注点聚焦在如何妥当适用核准追诉,尤其是"情节恶劣"的解释上。比如,社会影响恶劣程度取决于新闻媒体是否报道,具有偶然性。在邯郸案核准后,就有法学界人士指出,实践中存在比这更为恶劣的案件,因未被曝光就没有启动核准。

法学界的讨论也体现了公众的困惑:对未成年人犯过度轻缓是不是也有伪善的嫌疑?犯罪本身就是家庭教育失败的产物,再交给父母严加管教有用吗?把他们送进专门学校能解决问题吗?留守儿童现象是与犯罪相关的真问题吗?带着这些追问,请大家和我一起审视我国的未成年人犯罪防控体系,它有没有兼顾涉罪未成年人利益和社会利益,是否存在程序虚化和无效,值得我们仔细思量。

目前,我国的未成年人犯罪防治体系是宽严相济的。"严"体现在刑法中对十二至十四岁的"特殊核准程序"以及对十四至十六岁的"八大罪"追究刑事责任。而"宽"体现在《未成年人保护法》《预防未成年人犯罪法》《家庭教育促进法》中,对于有严重不良行为的未成年人可以进行矫治教育、专门教育、专门矫治教育三级干预,其中专门教育和专门矫治教育是由国家建设专门学校来保障的。

这就意味着国家是按照未成年人的行为、后果、恶性来决定相应惩罚的轻重：性质较轻的，责成父母管教，或者联合教育、妇联等部门进行训诫，公益服务等矫治措施；性质恶劣的，追究刑事责任；性质不轻但还达不到追究刑事责任，同时家庭管教无效的，应该进入专门学校。在专门学校中还要分级，罪错程度高的要进入其中的专门场所进行矫治教育。比如邯郸案中的第三名被告人，因从犯情节较轻，虽不予刑事处罚，但经评估要到专门场所进行矫治教育。

从上述设计看，首先，责成父母教育，意味着把挽救职责交付于已经被证明失败的父母身上，效果未必如愿。因为部分家长原先便缺少陪伴、教育的亲子时间，或缺乏实际管教涉罪未成年人的能力，不能指望孩子出了问题他们就能变成合格的父母。2023年全国检察机关向涉罪的未成年人的监护人发放了督促监护令4.3万份，责令其接受家庭教育指导。这是国家亲权介入，教天下的父母如何做父母，但是其强制力有限，实践中总是遇到电话打不通、没时间、学也学不会的父母，不可知的风险都会由孩子和社会来承受。

其次，在这一设计中，我国对未成年人犯罪的追诉力度已经有所加重，这种加重设置是否能够提高对潜在犯罪人的威慑，从而减少犯罪呢？这要取决于潜在犯罪人是否具备理性认知能力。问题来了，小孩是能吸取教训、约束自己的人吗？很难。所以，与其说这是为了威慑，不如说是为了增强公众的安全感。从这个角度，它已经实现了一般预防的作用，也不可能再放大了。

因此最能够发挥效用的应该是专门学校。但实践中有的省份甚至人口大省连一所专门学校都没有，本该送入专门学校的孩子却因专门学校数量太少而"无校可去"。即便有专门学校，也可能没有单独的专门场所容纳那些严重罪错的孩子。虽然说不能给孩子贴标签，但因罪错性质不同，对不同的孩子执行方式和执行内容也应大不相同。假如混在一处、交叉感染，有的家长也可能把这里视为染缸，而拒绝把孩子送入专门学校。

因此，多办一所专门学校，多建一个专门场所，多接收一个孩子，就可能挽回那些犯罪边缘的滑落者。我们应该给孩子们创造一个有保障的未来。一帆风顺地做未来的主人翁最好不过，但是如果搞砸了，犯了错，闯了祸，也还有机会改过。这就是专门教育给他们的机会，而法律也不必在年龄和刑事责任上继续施压。

二、《告白》《43次杀意》：他们是天生的坏孩子？

面对情节恶劣的少年犯罪，人们会有这样的疑问：他们是"天生犯罪人"吗？身上携带着犯罪基因？但现实中多数人并非天生，其心理出现偏差都经历了一个过程。由于没有及时得到调整，最后就会以犯罪这种极端方式爆发。邯郸案中的三名犯罪人都是留守儿童，孩子在成长过程中缺失了对父母、对权威的认同感。除了邯郸，中国还有多少这样的城市？还有多少被忽视的孩子？有的凋零，有的被恶浇灌。其实，电影和文学中的"坏孩子"也是如此，他们和邯郸案中的坏孩子有着共同的特点。

《告白》是一部略显阴郁的日本电影，讲述了一名女老师为报复杀害自己女儿的凶手而精心策划复仇的故事。在电影里，初中老师森口悠子发现自己四岁的女儿被淹死在学校游泳池，警方认定是意外事故，但她从现场线索推断出凶手是班上的学生——十三岁的渡边修哉和下村直树。电影通过人物独白的方式，揭示了少年的黑暗内心世界和犯罪动机。

渡边修哉智商极高，母亲是一位天才发明家，对他从小进行高强度的知识灌输和实验训练，最终又无情地抛弃了他。他一直渴望吸引母亲的注意，甚至不惜杀人。而下村直树是一个懦弱的男孩，他被渡边修哉操控杀人后，他的母亲只会一味地安抚他，为他做错事找理由，帮他逃避责任，使直树无法面对自己的行为，也无法学会为自己的行为负责。这种溺爱让直树最终失手杀死了母亲，走向了崩溃和疯狂。

《告白》虽然是个虚构的故事，但已经隐隐指明了家庭教育、校园暴力、校园欺凌之间的关系。而纪实作品《43次杀意》则如实记录了2015年发生在日本川崎市的一起少年被杀案，字字见血，直面了少年之恶的真相。2015年2月20日清晨，人们发现了十三岁少年上村辽太死在川崎市多摩川的堤岸边。他全身赤裸，身上有多达四十三处刀伤，失血量超过全身血量的三分之一。这个案件与河北邯郸少年案一样，同样是三名凶手结伙杀死了他们的同学、玩伴，情节同样恶劣、残忍，令人倍感愤怒和荒谬。

案件的受害者上村辽太，父母离异，随母亲搬到新城市。他与一些境遇相似的孩子交往，寻找慰藉和认同。但这个小团体里没什么良善之辈，大多是恃强凌弱之徒。三个施暴者也同样在家和学校里没有容身之处，他们一方面被别人欺负，另一方面在更弱者面前残忍暴虐，最终杀害了自己的朋友。案件引发了日本社会的深刻反思，数以万计的民众前往案发地悼念死者。

我们都知道，绝大多数未成年人犯罪都是因家庭矛盾导致未成年人的人格发生重大变化。他是否曾经得到父母的认同与关心，他和父母的关系到底如何，他的家庭存在何种教育方式？这决定了他是否对社会有依赖感，而这种感觉会影响他行为的选择。

美国学者特拉维斯·赫希曾在《少年犯罪原因探讨》中提到社会控制理论，他认为未成年人与社会的联系程度与四个因素有关：依恋、投入、参与、信仰。如果他与社会的联系程度越紧密，犯罪的概率就越低。形象地说，这些联系就像一张网，网线像蛛丝一样牵绊着他，使得他更不容易滑落。

依恋来自他的家庭环境、人际关系，意味着他在做出决定时会下意识地考虑别人的看法、社会的评价，尤其是在实施越轨或者犯罪行为时，会因为一些来自道德、法律的规训而选择放弃。投入和参与意味着他的存在感，假如他有一个爱好，有一个目标，并愿意投入时间和精力去实现自己的目标，哪怕是游戏、赛车……既然已经为了某一既定目标耗费了足够的时间和精力，那么他为了避免已经投入的成本的浪费，也就不容易转向犯罪行为。所以有经验的教育从业者常说，有专长和爱好的孩子不会走上邪路。

信仰则体现为，学校应当首先加强学生的思想道德建设。学校教育如果只强调考试和只重视升学率，未能在孩子心里种下平等、公道、人权和尊严等概念，那么孩子就有可能形成畸形的价值观。

正是基于社会控制理论，我国未成年人犯罪学者才会一直呼吁，不能回避问题，不能转嫁责任。在这四个要素中，依恋要素——家庭教育，尤为灼心。几乎每个失败的少年故事背后，都有一个失败的爱的教育。

三、《涉过愤怒的海》：爱的教育

当我们谈到罪错少年的家庭教育缺失，可能会有一个疑问，难道父母会不爱自己的孩子吗？这个问题的打开方式，应该是父母如何对待自己的孩子，就教会了他们如何对待这个世界。

电影《涉过愤怒的海》给我们提供了一个反思家庭教育的视角。故事以老金的女儿娜娜在日本离奇死亡为开端。娜娜身中十七刀，死状惨烈，最大嫌疑人是她的男友李苗苗。老金得知女儿死讯后，陷入极度的愤怒与悲痛，决定亲自追凶。李苗苗同样来自离异家庭，虽然家境富有，但行为怪异，情感疯癫，控制欲极强。他的母亲景岚一心要救儿子的命，拼命阻止老金。疯狂护犊的母爱和一心只想复仇的歇斯底里的父爱，在扯天扯地的风暴旋涡里暴烈碰撞。随着老金抓到苗苗，似乎大仇得报，剧情却发生了反转。日本警方传来消息，娜娜是被人强暴之后向男友自证清白时自杀的，凶手不是苗苗。

电影并不是在讲一个犯罪故事，而是在透过犯罪讲爱。两个孩子家庭情感的缺失，才是导演认为的悲剧元凶。故事如同层层剥开洋葱之后呈现的真相："你说你爱我，其实你没爱过。"故事狠辣撕扯之处是，它触碰到人性最幽暗的部分，触碰到每一颗心灵的隐秘伤痛。这是中国家庭中普遍存在的情感缺位问题。剧中人都极度地缺爱，以及由此而生的狂热的对爱的饥渴，所以他们都在以爱的名义拼命索取、誓死捍卫，但到头来发现两手空空。

美国作家路易斯说，爱是好事，但不是最好的事。爱一旦成为主宰，也会沦为魔鬼。在无数罪恶假爱之名的今天，爱可能携带着仇恨的种子。老金和景岚的爱像一种弥补，老金发现自己对女儿的生活一无所知，他恐惧地要把自己的爱表现为"以暴制暴"，为孩子报仇。景岚对儿子的爱同样失控，她的爱就是什么都不问，只求保住儿子的命，这个形象与前文《告白》里下村直树的母亲形象比较类似。当她的儿子不能面对自己的行为，不能为结果负责的时候，他也只是一个空心人。对一个空心人灌注爱是没有意义的，他已经成了一个黑洞。

反观子女，他们虽然是缺爱的一方，但他们的攻击也是有杀伤力的。娜娜对父母的疏离表现为"我什么都不告诉你"，这是一种无声的索取和指责，潜台词就是，谁让你们不管我。当娜娜感觉男朋友对她的态度有了一点变化，她便感觉被遗弃——变化是一种危险，她需要从男友的关注上找到存在感，因为她在原生家庭里并未自证自己是被爱的。所以她表现出情绪不稳定、欲求不满、为爱疯癫的样子。

而苗苗看到娜娜自残却扬长而去，放任她流血而死。虽然他没有法定的救助义务，但从道德上说，他没有同理心和同情心，既不懂爱也没有责任感。苗苗的精神状态已经走向反社会的边缘，他要把这一切责任推给父母、家庭和社会，他还在像孩子一样索取。你们必须听我的——在这个已经年满十八岁的人内心，仍然活着那个七岁就把青蛙炸得血肉模糊的阻止父母离婚的浑小子。

因此，《涉过愤怒的海》虽然讲的不是犯罪故事，但它给了两种样本，这也许是"中国式家长"的典型特征：老金的方式是先忽视，后压迫，景岚则以无原则的溺爱表达。这不仅不能给予孩子真正的支持，反而会导致他们的心理扭曲和行为失控。在我们身边的家庭里也许没这么极端，但如果家庭教育缺位，爱被扭曲，孩子注定是痛苦的，他们注定要面临极度挣扎和危险的青春期。

四、危险的青春期

过去三年的少年犯罪统计数据令人担忧。据最高人民法院的数据，2021年至2023年未成年人违法犯罪数量总体呈上升趋势，人民法院共审结未成年人犯罪案件73178件，判处未成年人罪犯98426人。据最高人民检察院统计数据，2023年未成年人低龄犯罪人数呈上升趋势，批捕、起诉未成年人犯罪总体上升，2024年上半年批准起诉的未成年犯罪嫌疑人就高达 2.5 万人。

这些都是少年法庭法官的案卷里令人惋惜的故事，看完你总觉得，拉一把他就起来了。比如，《新京报》2024年报道的少年盗窃天团：

> 小兵因多次参与盗窃手机专卖店、高档烟酒店和车辆，被送到阳光学校接受矫治。在这里，小兵还有三十六名同伴。这些少年大多跟小兵一样，涉及流窜盗窃。他们流窜山东、陕西、山西、四川等多省市实施盗窃，但因未满十六周岁的刑事处罚法定年龄，事后往往都被免予刑事处罚。

报道中的涉事家长提到孩子是被"坏朋友"拖下了水，被人带上了歪路。这符合未成年人的特点，因为结伙作案是未成年人犯罪的常见形式，"伙同朋友"也是判决书里最常出现的字眼。根据最高检《未成年人检察工作白皮书（2023）》的数据统计，未成年人犯罪案件类型相对集中在盗窃、强奸、抢劫、聚众斗殴、寻衅滋事这五类犯罪，在 2023 年这五类犯罪共占全部未成年人犯罪的近七成。从罪名上就可以看到涉罪的未成年人对金钱、物质、权力的需求十分强烈，他们靠偷和抢来获得财物，用欺凌、暴力去征服他人，并从结伙行动中获得团体的认可。

青春期的孩子社交关系圈不断扩大，为了获得群体认同，他们愿意主动尝试越轨行为。一旦尝试，比如便利店里的小偷小摸，如果没有及时矫正，他们就会重复，微罪也可能会升级为重罪。检讨孩子朋友圈的同时，会触及孩子父母的问题。家长是否对孩子尽到了应有的监护义务？是否了解孩子交了什么样的朋友？不要到了最后才发现自己对孩子一无所知，就像电影里那个丧女的父亲老金。

再从心理特点上看，未成年人在与他人发生矛盾时，很少能够换位思考。他们可能会放大别人对他们的伤害，他们的行为要么是"不计后果"，要么就是"临时起意"。他们又是极其意志薄弱的。一方面容易被鼓动，另一方面也会很快悔罪认错。而且，一旦处在暴力环境中得不到外界支持，受害者就会变成施害者，如果不把暴力和伤害转嫁，就难以在这样的环境下存活。

最后，在大量未成年人犯罪的案例中，都会出现留守儿童的故事。父母在外打工，无法顾及家中小孩。根据统计数据，隔代管教是很难建立父母管教同样的权威感和认同感的，所以他们也是时代的受害者，只是看时代的灰尘落在谁的头上罢了。即便是父母管教，很多父母也只会高兴就给手机玩、示爱就给钱、要管就暴力这几招。是否还有其他更好的方式呢？需要耐心，需要时间。这恰恰是有的父母本身就缺失的。而事情一旦失控，父母发现无力管教，就为时已晚。这样的悲剧在现实和影视剧中一再上演。

如果舆论只是简单地责备孩子的品行问题，而不去探究背后更深层次的原因，这种普遍的偏见和误解，就可能加剧未成年人的排斥现象。这也说明，惩治是教育的必要部分，但将视角延伸到问题产生的上游，像一个社会工程一样去解决问题，才可能触及问题的真相。

五、希望我们构建的社会环境，能够召唤出孩子们心里的天使

作为法律人，深知自己专业的局限性，世界上的问题有太多不是靠法律解决的，尤其是刑法。人们遇到令人愤怒的问题，一般都会呼唤严刑峻法。的确，没有把令人厌恶和痛恨的对象狠狠收拾一顿或者彻底消灭掉更解气的。但未成年人犯罪的本质，是家庭、教育和社会的问题。这要用务实的态度，关键是持久协同，发动一切力量去建设未成年人友好环境，并做好与未成年人罪错长期共存的准备。

最近有几个与未成年人有关的片段值得分享。其一是平凉涉盗少年说的"我还未满十六岁，只要不犯'八大罪'警察拿我也没办法，无非叫去做个笔录就得放人，超过二十四小时还能告他们的"，这态度叫人心寒。这说明，我们教育出了"钻法律空子"的孩子，而不是心中有"道德与法治"的孩子。他们很懂刑事责任年龄，却不懂是非善恶，缺乏正义和廉耻。心里没有平等、公正、权利和尊严等概念，就有可能在自己拥有某种优势时去欺负不如自己的人，并把这种欺凌视为人生成功的体现。这在学校体现为霸凌，在校园之外是违法犯罪的源头。

其二是宁夏固原出了个"警察踢打小学生"事件，不少网友都觉得打得好，因为这个被警察打的六年级学生多次殴打低年级同学，甚至还有人给警察送锦旗。但仔细想想，校园霸凌要治理，但是警察的行为能叫好吗？教孩子遇到欺负要还手、要反抗，但我们会教他们"以暴制暴"吗？从以大欺小、以暴制暴里，他们学到的不是宽容与理解，而是暴力可以作为解决问题的途径。不管在校内还是校外，我们在法治教育上要走的路还很长。

其三是《从家中偷走一个十一岁女孩》的真实故事。郑州一个十一岁的女孩被朋友诱骗，多次被性侵，后被骗入卖淫团伙，最后参与施暴。跟她有同样经历的还有五个女孩。就暴力而言，她学到的是，"人只要看上去软弱谁都可以来踩一脚"。这些孩子成为施害者之后，必须独自承担后果——刑法有刑事责任年龄的规定。她说："都是我自己的选择，怨不得别人。"听到这样的话，作为成年人，怎么能够无动于衷？在她本该被保护的年龄，家庭和社会都没能提供应有的保障，而她不懂，还以为全是自己的错。

这样三个故事足以引发我们的反思：每个人的心里都住着魔鬼，也住着天使。到底呈现出什么，取决于他所处的环境。希望我们构建的社会环境，能够召唤出孩子们心里的天使，也希望他们配得上这样的良善和友好。

第三章

苦难不可避免，
行动是改变的开始

面对法律本身的不公，
法律人有改变和行动的责任

赵宏看《不止不休》

电影《不止不休》以一个真实记者为原型，记述了媒体人如何推动反乙肝歧视的故事。记得 2023 年电影刚上线时，我和陈碧老师都很想去看，但一个资深媒体记者说，这个影片还没还原记者真实生活的 1%。这个论断打消了我们奔赴影院的兴致。现在看完后想说，即使电影仅还原了 1%，里面讲述的如何对待歧视，如何对待恶法，以及如何以行动去改变的故事仍旧打动人心。

一、已被忘却的乙肝歧视

反乙肝歧视的浪潮已经过去了快二十年。如果不是看这部电影，我已经忘记了我上大学、考研甚至当时找工作时都还要查乙肝五项，对于乙肝抗体不正常者（俗称"大三阳""小三阳"的），学校和单位基本都会一律拒绝录用和接收。电影里，记者韩东最初是想借报道揭露那些违法的乙肝代检产业链，但在了解这些违法代检背后的故事后，他宁愿放弃千辛万苦获得的工作机会，也要服从自己的良心撤回原稿转而去写反乙肝歧视的报道。韩东的师傅从影片开始就不断重复，所谓新闻就是客观事实，对当事人过分同情就会影响你的判断力。但事实报道背后永远都有良知判断和道德选择，选择报道什么和如何报道本身就关乎良心。

医学知识的普及已经能让今天的我们客观看待乙肝病毒携带者，也已经让我们了解，这种疾病只会通过母婴、血液和性行为这些有限的途径传播，跟乙肝病毒携带者一起就餐、握手都不会染上这种疾病。即使是携带者本身也能维持很好的健康状态，根本不会影响学习和生活。但人类的认知总是受限的，这也导致歧视和偏见总是无处不在，影片中的韩东最初也是个被歧视者，尽管有写作天赋也有行动力，但同样因为学历太低而屡屡在招聘市场受挫。这大概也是他能对他人境遇保持共情的心理动因。

虽然作为人的歧视和偏见难以克服、难以避免，但法律需要做的是反对歧视，维系平等。影片一个让人深思的地方就在于它隐晦地指出，乙肝病毒的危害被过度夸大以至于使患者和病毒携带者彻底被社会边缘化的重要原因就在于，法律非但没有排除歧视，反而制造甚至是强化了这种歧视。彼时以《传染病防治法》《传染病防治法实施办法》《食品安全法》为首的十五部法律规范都将"病毒性肝炎"列入乙类传染病，并要求"病人、疑似病人和携带者在治愈或者排除嫌疑前，不得从事国务院卫生行政部门规定禁止从事的易使该传染病扩散的工作"，后来这一规定又演变为，"病人或者病原携带者予以必要的隔离治疗,直至医疗保健机构证明其不具有传染性时,方可恢复工作"。这些规定加剧了公众对乙肝病毒的恐慌,也无意中成为制造群体性歧视的帮凶。

二、法律之上还有道德和良心

作为"中国第一病",乙肝病毒患者和携带者的人数当时已逾一亿。近一亿人因并非道德上可归责于自己的健康状况就被彻底剥夺入学、就业等基本权利,甚至要终身都被社会和他人嫌恶排挤,这无疑是一出由法律制造的人道主义悲剧。法律制造出的藩篱使乙肝检测已经蔓延至招生、参军以及招聘等所有社会进阶环节,所以,对于被逼到绝境的乙肝病毒携带者而言,找人代检就成为跨越制度藩篱的唯一选择。

学法律的人基本都知道拉德布鲁赫公式。拉氏二战前是德国赫赫有名的实证主义法学家,笃信法律就是法律,是必须服从的律令。但被其奉为圭臬的"法律应与道德互相分立"的观念,却使法律在二战中面对纳粹德国的不公正和不正义时轻易就失去抵抗力,而彻底沦为专制与独裁的帮凶。拉氏在二战后反思,"法学必须重新思考几千年来古代、基督教中世纪和启蒙时代的全部智慧结晶,即存在一个作为法律的高高在上的法,一个自然法、上帝法、理性法。申言之,超法律之法"。在拉德布鲁赫的重新排序下,对法律的服从不再是绝对律令,法律也无法摆脱道德而获得自证,如果一个法律明显不正义,明显违背人类基本的道德、自由和权利,任何人都有不服从的自由。面对恶法的不服从不仅会豁免法律责任，在德国战后的宪法中甚至还被塑造为公民的基本权利。

影片中，那个因年幼的女儿罹患乙肝无法入园只能找人代检，到最后自己发展成为"违法代检头目"的父亲，那个因同情这些携带者的悲惨境遇而协助代检的检验科主任，他们在道德上都很难找到可责性。他们只是在不正义的法之下做了自己的良心选择，如果再用违法来惩罚他们，那只能说是法错了，而非人错了。到这里，这个片子已经很有《我不是药神》的意味，但故事并未就此结束。

三、面对恶法，可以改变和行动

电影中，韩东最初也只是单纯地认为"找人代检违法"，甚至还庆幸自己在记者实习期中又发现了一条违法产业链，也距离能继续留在报社工作更近，到后来撤了稿找回那些病毒携带者和患者，想要重新采写他们的故事，却被拒绝。这些受害者拒绝的理由都是，"写了也没用"。这句话像极了我们在面对不公、歧视和苦难时的一般反应，"人微言轻，说了写了也没用"。但韩东回答，"所以呢？你们就关起门来互相安慰互相抱怨，抱怨完了呢？继续得过且过？就不能试着改变它吗？"是的，与抱怨相比，我们还有别的选择，我们还可以行动。行动才是改变的开始。

影片突出了媒体人在推动反乙肝歧视时的贡献。但回看那场声势浩大的运动，同样有很多法律人的努力。他们撰写文章呼吁修改法律，并为乙肝病毒携带者积极提供法律援助。也正是这些法律人的共同努力，歧视的坚冰慢慢被凿开裂缝并最终被彻底融化。从2003年安徽芜湖"乙肝歧视第一案"取得维权胜利，到2005年国家人事部、卫生部推出《公务员录用通行标准》，正式取消对乙肝病毒携带者的限制，至2010年人力资源和社会保障部、教育部和卫生部在《关于进一步规范入学和就业体检项目维护乙肝表面抗原携带者入学和就业权利的通知》中明确声明，"各级各类教育机构，用人单位在公民入学、就业体检中，不得要求开展乙肝项目检测……不得要求提供乙肝项目检测报告，也不得询问是否为乙肝表面抗原携带者"，行动带来了法律的真正改变。

还记得今年的"铁马冰河案"在宣判前，陈碧老师写，"如果媒体和法律专业人士一直关注和发声，社会公众一直围观，此案就会改变一点什么……因为这绝不是个案怎么判的问题，而是作为弱势群体的罕见病患和未成年人的基本权利该如何保障的问题"。法律人的介入和公众的围观最终确实带来了改变。法院否定了公诉机关对"铁马冰河"走私毒品罪的定性，认为这个为让生病孩子吃药而组织海淘氯巴占的爸爸只是构成了非法经营，而且鉴于原因和情节免予刑事处罚。这是法治进步的一小步，但就像反乙肝歧视运动一样，对于千千万万深陷其中的当事人而言却是关键的一大步。我的博士生导师北京大学姜明安教授在今年的荣退仪式上回望自己的学术生涯，同样提及他曾与其他法律老师一起推动诸如《城市流浪乞讨人员收容遣送办法》《城市房屋拆迁管理条例》以及《劳动教养试行办法》的废除，并将自己曾获得"责任公民"奖杯作为职业生涯的一大荣耀。在会场听到他讲述这段故事时，同样让我感动不已。

福柯说，知识本身就是权力，但权力同样意味着责任。所以，面对法律本身的不公，修习法律的人更有责任去改变和行动，这就是我们不可推卸的义务。如果修习法律的人对歧视和不公都转过头去保持缄默，任由庞大的体制吞噬我们的同情心和道德感，就无权再抱怨法治的溃败和道德的滑坡，也无法避免自己也可能成为下一个被歧视和贬低的对象。看电影时发现一个细节，那个因违法代检而被取消了入学资格的韩东的好友，录取通知书的抬头居然是"××政法大学"。想学法律的人却被法律所累可能是导演特意埋下的伏笔，但这或许也是个隐喻，因为改变要真正发生，的确需要首先自己感同身受，进而努力走出那个囚禁我们认知的牢笼，并最终得以窥见更广阔的众生和天地。

四、乙肝之后，歧视终止了吗？

反乙肝歧视进行了大概十几年，其直观效果就是，现在的人们大多都已经不再知晓乙肝检测居然曾经将那么多人拦在大学、部队甚至是单位之外，从制度到观念，歧视已经慢慢消失，这是法治曾经的高光时刻，应该被铭记。但乙肝之后，歧视就从法律中消除了吗？那些针对特定人群不合理的区别对待就此销声匿迹了吗？

大概从 2024 年《治安管理处罚法》启动修改开始，我的邮箱就总会接到不少匿名的读者来信，内容基本都指向同一个问题：违法记录的消除。来信者诉说自己因各种原因曾受过治安处罚，却未料想终身都会背上违法标签，而在之后的求学、就业、晋升、评优中备受歧视。现在的犯罪附随、违法记录甚至过度的信用惩戒，又成为乙肝之后另一类群体性和制度性歧视，而且这种歧视伴随数据时代的到来更被无限放大。这些歧视显然与现代法治精神严重背离，它几乎就像古代的墨刑一样在当事人身上永远烙上了耻辱性标签。

既然意识到这是制度对个体的不公，就应该行动和改变。在新出台的修订草案中已经规定，"对违反治安管理时不满十八周岁的人，违反治安管理的记录应当予以封存，不得向任何单位和个人提供"。不满十八岁的人违法记录应当被封存，这是对未成年人的保护，但其他人呢？他们还需要继续为曾经的违法行为背负不合比例的代价吗？法律虽有改变，但距离彻底的违法记录消除还很远。就像姜明安老师在荣退仪式的演讲中最后所说，"法治尚未成功，各位还需好好努力！"

一则谣言如何演变为席卷帝国的社会大恐慌

李红勃读《叫魂》

说起哈佛大学历史学教授孔飞力的《叫魂——1768年中国妖术大恐慌》(以下简称《叫魂》),读者应该不会陌生。书中对人物和情景的描写形象而生动,让人身临其境,印象深刻,书中讲述的两百多年前的尘封往事,今天读来依然具有启发意义。

一、妖术恐慌的背景和原因

"1768年,中国悲剧性近代的前夜。某种带有预示性质的惊颤蔓延于中国社会:一个幽灵——一种名为'叫魂'的妖术——在华夏大地上盘桓。"这段极富情景感的开篇,为故事的展开营造了一种诡异的背景和氛围,也暗示了故事的发展和结局。

引发社会恐慌的叫魂事件大致是这样的:乾隆三十三年的春天,在浙江德清,有人找到一位名叫吴东明的石匠,当时他正在修建一座桥,来人请求吴石匠把一张写有自己仇人名字的纸条打进桥桩。按照民间的说法，这是一种叫魂的手法，通过大锤对纸条的打击，可以偷走名字被写之人的灵魂，令其很快得病和死亡。

吴石匠害怕惹祸上身，便把这个人捉住并报了官。照理说，事情到此也就结束了。但没有想到，不久之后，随着对一个乞丐叫魂的指控以及屈打成招，越来越多的人相信叫魂行为正在自己身边普遍发生，随后，恐惧如病毒一样蔓延，很快就从德清进入萧山、杭州，然后沿着运河和长江一路北上和西行，在半年时间里席卷了大半个中国，最终引起了京城的震动。在此背景下，清朝的最高统治者——乾隆皇帝不得不亲自出马，指挥调度各地的官员四处捉拿叫魂的妖人，帝国机器快速运转，各路人马纷纷出场，一幕幕精彩故事不断上演。

然而，令人啼笑皆非并引发思考的是，这一全国性大抓捕运动最终被发现不过是一场闹剧。到了这年年底，案情真相终于大白：所谓的叫魂恐惧只不过是庸人自扰，在一番大费周折之后，没有一个妖人被抓获，也没有一件妖案被坐实，有的只是自扰扰人、造谣诬陷、屈打成招。在沮丧和失望之余，乾隆皇帝只得下旨"收兵"，停止了清剿行动。

那么，这场席卷了半个帝国的社会恐慌，到底是如何形成的，又是如何升级的呢？

1. 不可捉摸的妖术

发生在德清的叫魂是一种妖术，据说妖人可以通过施法于受害者的姓名、毛发或衣物来窃取他们的灵魂。盗来的灵魂会有奇异的效能，会被用于某一目的，丢了魂的人则会因"失魂落魄"而死亡。

事实上，在相信人有灵魂和对世界作"阴阳"二元分割的传统社会，妖术是一种普遍现象，只是在不同民族和地区有不同表现形式，比如欧洲有会魔法的"女巫"，东南亚有所谓的"降头术"，中国的云贵地区有"蛊术"等。即使在现代社会，类似的习俗在一些农村地区依然存在和保留。

回到两百多年前的乾隆时期，在一个教育尚未普及、多数人不具备科学常识的时代，我们几乎无法想象，这种不可捉摸的叫魂妖术，会给乡民带来多大的恐惧。妖术之所以可怕，倒不是因为它会导致直接、可见的伤害，而是在于其不确定性，人们不知道它是否存在，也不知道它何时发生，以及会有什么样的后果。这种不确定性既无法被证成，也无法被证伪，就会让弱小的个体不知所措。而当它被传播开来时，就会酿成普遍性的恐慌。

现代人也许会嘲笑书中那些小人物，并给他们贴上"愚昧、胆怯"等标签。但是，在某种意义上，妖术和迷信本身就是一种文化建构，它需要有信众，需要有坚实的社会基础，当这些条件具备时，妖术就会像雨后春笋般冒头生长。即使在"叫魂案"发生一百多年后，不是还有人相信可以"神教附体，刀枪不入"吗，不是还有人相信刑场上的人血馒头可以治疗肺炎吗？

作为社会产物的妖术，其实反映了特定文化观念和社会心理。换句话说，有什么样的社会，就会有什么样的文化观念和社会心理。在一个教育未能普及、信息高度闭塞的社会，民众很难有健康和自信的心态，很难具备足够的常识和能力分清楚什么是真相，什么是谎言，什么是客观的描述，什么是臆想和胡说八道。

2. 来历不明的流动者

乾隆朝无疑是一个盛世，帝国的疆土无比广大，人口不断增长。当特定地区的资源无法满足不断增长的人口的生存需求时，就会带来人口的流动，出现"流民"现象。在现代社会，人口的流动意味着活力和希望，而在传统的熟人社会里，流动则令人害怕和不安，每个外来者身上都带着一丝诡异和恐怖的气息，都可能对当地乡民构成威胁和带来危险。

在"叫魂案"中，正是一个个的外来者，使得人们对妖术的传言深信不疑，并让恐惧不断升级。有一位邻居突然死去，而前两日刚好有一个异乡人从其门前路过，这两件事情之间难道不存在"叫魂致死"的因果关系吗？在书中，那些云游的僧道和走街串巷的乞丐，还有算命先生，他们穿插在故事中不断出现，成了实施"妖术"的完美嫌疑人。于是，"有关叫魂的怀疑都集中在流浪者身上，包括陌生人、没有根基的人、来历不明与目的不明的人、没有社会关系的人，以及不受控制的人"。

在现代流动社会，尤其是城市生活中，人和人之间是陌生的，陌生人社会带有开放性，陌生状态下人人独立而平等，彼此之间会持一种更平和的心态。但是，在传统的农耕社会，生活在乡村和县城里的乡民都是世世代代的熟人，熟人之间有一种归属感和认同感，他们对外来的"侵入者"会有恐惧和排斥。正是这种对外来者的敌意、敌视甚至仇恨，加剧了"叫魂案"中的恐惧想象，使得谣言不断扩散。

实际上，对外来者的仇恨和恐惧，其实并非只是古代才有的现象。二十世纪早期的欧洲，对流动的犹太人的仇恨，为后来纳粹的种族灭绝行动提供了理由和动力。二十世纪后期在麦卡锡主义盛行的北美，来自亚洲的黄色族裔，成了掌权者打着国家安全名义排挤和抓捕的完美对象。

3. 帝王的敏感和怨恨

在叫魂风波中，对于民众而言，恐慌可能主要来自迷信和无助，而对官员来说，他们的恐惧则直接来自皇帝的雷霆之怒。那么，在叫魂这件事情上，乾隆为什么如此愤怒和暴虐呢？

让君王震怒的原因首先可能在于辫子问题。众所周知，满人在通过武力夺取了明朝江山之后，面对人数远远超过满人的汉族人口，内心是不自信的。如何在心理上驯服汉人，这是关切到统治能否稳定和长远的重大问题。于是，对于坚信"身体发肤，受之父母"的汉人而言，剃额头和留辫子就成为检验其是否忠诚新王朝的一个标志，留发还是留头，两者只能选择其一。在当时明朝文人留下的典籍文献中，很多人为了逃避剪辫子，选择了自杀，或者隐身山林，成为"遗民"。

在"叫魂案"中，妖人叫魂的方式之一就是剪掉被害人的发辫，据说辫子可以附带其灵魂。当这一信息被乾隆皇帝获悉后，君王敏感的神经开始紧张，他似乎闻到了一股"谋反"的气味：这剪辫子的妖术，背后是否还藏着更大的祸心，会不会是"反清复明"的另一种形式？对乾隆而言，某个老百姓的魂有没有丢无所谓，他担心的是清朝的魂魄会不会被妖人窃取，担心自己的皇位和江山是否安稳永固。

可以想象，在皇权专制的时代，皇帝对于自己皇位的担忧，无疑是天大的事。因此，也就不难理解乾隆在这件事情上的愤怒，而天子一怒，可能会"伏尸百万，流血千里"。于是，大大小小的官员立即行动起来，加入这场捉拿妖人的运动中来，他们竭尽全力，要向皇帝证明自己的忠诚。

与此同时，对于乾隆而言，发生了叫魂妖术的江南，可能是他最厌恶的"腐化堕落之地"。旗人之所以打败明朝，在于其武力，在于其骁勇。"旗人应当在勇气、俭朴、坚毅等方面成为具有超高水准的典范。"可是，自从坐了江山后，旗人却被汉人的文化所日渐腐蚀。"如果有什么能让一个满族人感到自己像粗鲁的外乡人，那就是江南文人。"在鱼米之乡的江南，繁荣兴旺的农业和勃勃生机的商业，造就了江南优雅的艺术气质和生活品味。文章锦绣地，富贵温柔乡，江南对于满族子弟的吸引力何其之大，比如权臣明珠的儿子纳兰性德，就热衷填词谱曲，成为江南汉人文化的忠实信徒。

总之，在乾隆皇帝看来，正是江南的温柔风，吹得那些满族子弟们再也没有了巴图鲁的野性和彪悍，成了翘着兰花指学唱昆曲的纨绔青年。在此背景下，源自江南的"叫魂案"，无疑为乾隆皇帝开展政治清剿和惩罚那些江南士人和堕落官员，提供了一个机会和借口。

二、妖术案中的众生相

在《叫魂》一书中，孔飞力用绘声绘色的文笔，讲述了看上去无比繁荣和强大的"康乾盛世"是如何被一个谣言搞得鸡飞狗跳、狼狈不堪。在"叫魂案"中，身居庙堂的皇帝寝食难安，不断发出措辞严厉的谕旨，部署和指挥着这场围剿行动；地方官员们迫于压力，到处抓捕所谓"妖人"，进行刑讯逼供，并与皇帝进行着狡黠的博弈和周旋；乡民们则人心惶惶，彼此怀疑和窥探，相互告密和揭发，开启了人人自危的底层互害模式。各种力量彼此交错，推动事情朝着不可控制的方向发展，共同上演了一幕荒诞剧。在此过程中，"社会就像一面多棱镜，将人们对叫魂的看法以各种各样的色彩反射出来"。

1. 气急败坏的皇帝

在这场轰轰烈烈的事件中，乾隆皇帝无疑是主角和导演，而不受制约的皇权和非常规的政治机制，则是"叫魂案"处理的权力来源。

自秦始皇统一天下后，中国历史进入了两千多年的皇权专制。在皇权专制发展的早期，虽然皇帝是高高在上的九五之尊，但并不意味着其权力不受制约。比如在唐宋时期，皇帝行使主权，而宰相和各部行使治权，宰相和大臣们向皇帝负责，皇帝则向社稷和上天负责，君臣之间实际上是存在分权和制约的。尤其在宋代这个被称为"士大夫最理想的时代"，政治制度上的精致设计，不仅可以实现部门之间的制衡，甚至可以实现臣子对君王的制约。

但是，到了明清时期，朱元璋推翻了长期以来"君臣共治天下"的传统，直接取消了宰相，国家权力被皇帝独揽，内阁和臣子都成了皇帝的下属，如同公司的股东一下子变成了打工的牛马，皇权专制发展到了巅峰阶段。对此，晚明启蒙思想家黄宗羲在其《明夷待访录》中一针见血地指出："有明之无善治，自高皇帝罢丞相始也"，"宰相既罢，天子之子一不贤，更无与为贤者矣，不亦并传子之意而失者乎？或谓后之入阁办事，无宰相之名，有宰相之实也。曰：不然。入阁办事者，职在批答，犹开府之书记也。"在这种皇帝乾纲独断的专权体制下，对于为皇帝打工的臣子们来说，什么法定职责、士人担当、时代使命都不重要，最重要的就是要服务好皇帝和取悦于皇帝。所以，在谈到明朝的主要弊端时，海瑞在其《治安疏》中一语道破："君道不正，臣职不明，此天下第一事也。"

在这样的政治体制下，就不难理解"叫魂案"中的权力运作逻辑。因为皇帝对妖人剪辫子的事件极为愤怒，对案发的江南无比厌恶，而皇帝的关切就是帝国利益所在，叫魂妖术遂被定为了"政治罪"。为了解决这一问题，乾隆皇帝亲自出场，挥舞着皇权的大棒，打破了官僚系统的常规治理程序，频频通过"朱批奏折"这种皇帝和各省长官之间直接、私密的通信渠道,指导和督促各地开展"政治清剿"运动。

对于来自京城的最高指示,各地督抚们无疑都在努力贯彻和执行,可是结果似乎并未让皇帝满意,于是言辞激烈的训斥从紫禁城不断发出,如雪片一样飞到各地督抚的案头,让他们头疼不已。在对河南巡抚阿思哈的朱批中,乾隆甚至言辞激烈地将其称为"无用废物"。然而,可悲的是,"君主的愤怒可以发泄在行省官员身上,因为他们未能抓获妖党首犯。然而,这样的失职却是不可避免的,因为这样的妖首并不存在"。

2. 左右为难的官员

居于深宫的帝王担忧的是江南会不会有人谋反,缺乏信息和安全感的老百姓害怕的是自己会不会丢魂,那么,饱读诗书又掌握信息的各级官员,在这场歇斯底里的政治运动中又是如何反应和行动的呢?

可能在事件的最开始,尤其是山东督抚向朝廷上奏的时候,地方官员们也许还真的怀疑可能存在妖术害人的情况,可等到四处抓捕却查无实据的时候,估计官员们心里已经清楚真相到底是什么了。但是,皇帝抓捕妖人的意志无比坚决,指导抓捕的圣谕纷至沓来,训斥下级的语气日渐严厉,于是,左右为难的官员们不得不采取各种手段,在假装积极执行圣旨的同时,与皇帝进行着悄无声息的较量与博弈。

在全国范围内对妖术的清剿触发了弘历和各省督抚之间的较量。这场暗斗悄然隐蔽，但激烈的程度不亚于清剿本身。它的燃料则来自官僚的责任制度：官员若让罪犯逃脱会受到京城吏部的制裁，该官员的上司则有责任对下属的失职加以弹劾，失于弹劾又会构成更上级官员弹劾失察者的理由。到了总督、巡抚这一层，行政上的失误则会在皇帝对其个人的宠信上出现裂痕。

在传统社会，"官僚责任制度的运作是围绕着对信息的控制而展开的"。由于没有公共媒体和信息收集传递常规机制，在"叫魂案"的处置中，皇帝对地方的控制以及官员对皇帝的反控制，主要是通过"奏折"和"朱批"的技术手段进行的，一方声嘶力竭严厉施压，一方则谎报情况虚与委蛇。

官员们实在不容易，夹在"暴民的狂怒易变和君主的反复无常"之间，他们左右腾挪竭力应对。明明是子虚乌有的事，面对皇帝不可能实现的要求，官员们还得努力配合坚决执行，因为他们心里清楚，如果在皇帝关心的事情上不用心和不卖力，自己的乌纱帽就难保。

而在皇帝看来，清剿运动久久没有取得进展，是因为撞上了官僚们设置的路障，而构成这些路障的就是令乾隆最为痛恨的"官场恶习"："谨慎地隐匿情报，小心地自我保护，隐瞒真相以掩护人际关系，百促不动以墨守常规程序。"其实，乾隆心里估计也清楚，地方官员的汇报里藏着不少猫腻，但演出既然开场了，好歹就得有点动静，得有一些成果，不能匆匆忙忙就鸣金收兵。

3.人心惶惶的乡民

在孔飞力的笔下，"叫魂案"出现的所谓盛世，其实是一个"镀金的盛世"。在华丽的表象之下，掩藏着诸多问题和危机，包括资源和财富分配不公、社会道德沦丧、司法腐败日渐严重。从而，人们对通过自身努力来改善生活境遇产生了深深的怀疑。

在这样的时代背景下，对于生活在社会底层、看不到希望的乡民而言，叫魂和妖术提供了一个导火索，为他们找到了一个可以仇恨的"敌人"，而告密和诬陷则成为这种社会情绪宣泄的方式。妖术既是一种权力的幻觉，又是对每个人的一种潜在的权力补偿。在担惊受怕的无助状态下，人们将攻击用作防卫的手段，通过指控别人是"叫魂犯"，来获得一种力量和安全。

孔飞力指出，"作为现代中国的前奏，叫魂大恐慌向中国社会的观察者们凸显了一个令人难过的现象：社会上到处表现出以冤冤相报为形式的敌意"。

在"叫魂案"的发源地德清，寺庙里的和尚为了争夺香客故意挑起人们对妖术的恐惧。举报妖术成了一件无比好用的武器，无论是恶棍还是良民，人人都可以取而用之。乡民们编造谣言，互相攻击，利用妖术恐惧大做文章，因为只要指控成立，只要官府发起了调查，普通人就有机会来清算宿怨或谋取私利。

> 在这个权力对普通民众来说向来稀缺的社会里，以"叫魂"罪名来恶意中伤他人成了普通人的一种突然可得的权力。对任何受到横暴的族人或贪婪的债主逼迫的人来说，这一权力为他们提供了某种解脱；对害怕受到迫害的人，它提供了一块盾牌；对想得到好处的人，它提供了奖赏；对妒嫉者，它是一种补偿；对恶棍，它是一种力量；对虐待狂，它则是一种乐趣。
> ……这是一种既可怕又富有刺激的幻觉。与之相对应的则是真实的权力——人们可以通过指控某人为叫魂者，或是提出这种指控相威胁而得到这一权力。施行妖术和提出妖术指控所折射反映出来的是人们的无权无势状态。对一些无权无势的普通民众来说，弘历的清剿给他们带来了慷慨的机会。

在这场由皇帝发动、由官员主导的妖人抓捕运动中，各阶层乡民踊跃参与、积极配合。通过指控自己的邻居或者来路不明的乞丐或僧道为实施叫魂的妖人，普通的乡民感觉到自己拥有了权力，觉得自己化身巨龙身上的鳞片，捍卫着某些神圣而伟大的东西。对于乡民的告密和诬陷，基于某些目的，官方给予了支持和鼓励，尽管他们知道：这种底层互害会让社会信任消失，会让公共道德败坏，会更进一步加剧社会的不安和恐惧。

三、如何看待"汉学家看中国"？

与本土历史学者的研究相比，欧美汉学家的中国史写作，有其独特价值和优势，但也可能存在片面以及成见。《叫魂》这本书，为我们认识西方汉学家的作品，提供了一个典型的样本。

1. 大历史的小写法

中国的历史，如果从目前可以考证的河南二里头文化算起，大约有四千年的历史，与世界上的其他文明相比，中华文明完全可以被称为"博大精深，源远流长"。

关于中国大历史的写作，读者比较常见的本土作品较多采用了线性的宏观叙事，场面宏大，涉及面广，主线绵长。相比之下，西方一些汉学家则比较喜欢从细微处着手，通过选择一个具体的人物或故事，以此为出发点和叙事主线，分丝析缕，不断延伸，从而在个案讲述中展现历史的某个时期或者某一面相。这种写法，套用佛家的话说，是从恒河一粒沙中折射和反映出须弥山，一花一世界，一叶一菩提。

在欧美汉学家的类似作品中，为中国读者所熟悉的作品很多，比如耶鲁大学史景迁的《曹寅与康熙》《利玛窦的记忆宫殿》《大汗之国》《太平天国》《王氏之死》等系列作品，比如纽约州立大学黄仁宇的《万历十五年》以及孔飞力的这本《叫魂》等。这种对大历史的"小写作"其实并不容易，它对作者的敏感性、洞察力、想象力提出了很高要求，并非每个学者都拥有这种举重若轻的能力。

据说孔飞力在1984年来到中国,进入中国第一历史档案馆,在汗牛充栋的档案文献中进行爬梳筛选。在此之前,他并未听说过"叫魂"这个概念,也对相关历史事件和文化背景不甚了解。但是,在阅读清代历史档案时,乾隆朝的"叫魂案"引起了孔飞力的注意,这个案子的材料丰富完整,透过泛黄的档案文献,事件从头到尾的发展过程清晰可见,故事中的各个人物跃然纸上。对于一个历史学家而言,这是一个理想和完美的案例。孔飞力敏锐地抓住了这个题材,以其非凡的洞察和表达,对故事进行了深度解读和演绎,通过挖掘"叫魂案"背后的历史意蕴,揭示了处于鼎盛期的大清帝国里皇权和官权相互博弈的复杂关系。

尽管《叫魂》描述的是小故事,展示出来的却是大气象。这种大历史的小写作,避免了平铺直叙和面面俱到,对于读者而言会更有代入感,会带来沉浸式阅读的体验。当然,为了增加故事的可读性,作者会在史料之外进行一些可能合理的想象,增加一些情景,设置一些情节,描述人物内心活动,阐发作者看法观点,从而呈现出一种非虚构写作的文学色彩。

2."异域凝视"的犀利与偏颇

历史是如此复杂,如同一座有着很多房间的宫殿,一盏灯照不亮全屋,只有通过不同角度的光源,才有可能最大程度反映真实情况。在中国历史研究中,本土学者因为身处熟悉的文化环境,拥占丰富的历史信息,反倒有可能出现"不识庐山真面目,只缘身在此山中"的问题,从而对习以为常的东西熟视无睹。

相比而言,西方汉学家在研究中国历史时,由于立场、视角、方法等方面的差异,他们没有文化负担,也不受一些"前见"的约束,他们的研究对中国历史而言,就具有一种比较优势,构成了一种来自异域的"文化凝视"。诚如学者在评价史景迁的作品时说:他所受到的"现代西方史学训练,使他不可能陷入儒家道德臧否性的中国传统'史德'误区。反倒是因为他身为西方学者,远离中国政治,与中国近代的政治伦理没有切身的关联,没有族群兴衰的认同,没有利益的瓜葛,不会以一己偏私之见损害历史之大公"。正是因为这份轻松、自由以及中立,使得西方汉学家的作品中常常出现新的观点,带来很多启示。

但是,来自外国尤其是欧美的汉学家在研究中国历史时,由于众所周知的原因,他们对历史的延续性和复杂性的认识可能不足,对事件背后的社会和文化并不熟悉,因此其作品中可能带有某些不可避免的偏见和缺失。

比如,西方写作者可能存在先入为主的问题,其立场和价值观可能会影响其对史料的选择。在浩瀚的文献仓库中,他们可能有目的地选取自己想要的内容,并按照自己的设想去搭建历史的样子,这个样子可能与历史事实有所出入,甚至存在重大差异。

再比如,西方学者由于对中国社会和文化的理解毕竟有限,所以在史料解读和故事描述中,难免会有流于表面和不够深刻的问题。比如，对于《叫魂》一书，有本土研究者通过史料再梳理和与类似案件对比后指出，孔飞力所言的乾隆借"叫魂案"以整肃官僚的立论并不存在，它不过是同时代君主介入大案的一个缩影，并且"叫魂案"的处理整体上也是成功的。因而，似乎不是乾隆制造了"叫魂案"，而是孔飞力心中的理论预设制造了《叫魂》的写作。"在孔飞力绘声绘色的笔下，叫魂案中的乾隆充满了戾气，因对官员的控驭手段感到不满，于是要借案件来整肃。这是一个带有诛心式的臆断。"

因此，对于读者而言，在阅读欧美汉学家的中国历史作品时，既要看到这些作品的独特价值，它们提供了另一种审视中华文明的视角，如同一面镜子，让我们可以更好地认识和理解自己；与此同时，也要对这些作品中可能存在的偏见和狭隘保持清醒，避免因对"他者言说"的盲信而引发认知迷茫或文化焦虑。

理解法律的最好方式，是将视线投向个人的命运

赵宏读《命若朝霜》

在 2025 年出版的法律图书中，有一本强烈吸引了我的注意：柯岚教授的《命若朝霜：〈红楼梦〉里的法律、社会与女性》。去苏州的高铁上，不受打扰地一口气读完，心底也泛起很多震荡。作为中国文学的巅峰之作，对《红楼梦》的解读汗牛充栋，我自己收藏的也不在少数。但此前的解读鲜少有从法律的角度展开，柯岚教授作为一名法律学者可说填补了这一欠缺，也为这部中国文学史上最具魅力的作品延展出法律的观察维度。

一、从人出发，并最终抵达人

柯岚教授在书的引言中说，"如果不和清代的法律与社会相印证，很多《红楼梦》里的人物都无法被完整理解"。同为法律学者，也同为文学爱好者，我对这个结论不能赞同更多。文学和法律之间的关系其实已在各个维度上被揭示过，例如从法学院逃逸的文学家，直接以审判为主题的文学

作品，甚至是法律与文学都成为法学研究的全新路径等。二者之所以会有如此深的联结，在我看来可能就是因为我们关注的都是人，具体的人。无论是法学中理性抽象的规则，还是文学中感性斑驳的故事，所要做的就是从人出发，并最终抵达人。村上春树说，小说的使命"就是让个人灵魂的尊严浮在上面，沐浴光照"，而法律的终极目的又何尝不是"让个人的尊严不被他人、制度甚至国家所禁锢和贬损"。所以，最好的理解法律的方式是将视线投向具体的个人，了解他们的命运起伏如何为法律所影响，他们的人生抉择又如何被法律所规训。这也是我们在法学院开展案例教学的深层原因，它绝不只是为了训练学生成为技艺卓越的职业法律人，而是警醒未来可能参与法律事业的每个人，"你办的其实不是案子，而是别人的人生"。

从这个意义上，柯岚老师也做了同样的工作。她将视线投向《红楼梦》中的具体个人，她笃信曹雪芹既然写出了生活和人性的绝对真实，这种真实中就必然包含了对彼时法律逻辑的契合。她从《红楼梦》中的人物遭遇和命运起伏出发，刻画当时的礼法是如何深刻地为她们的选择划定边界，又如何对她们的人生形成了规约，她选取的12个主题都在这种思考下展开。通过她的细致书写，我们得以清晰窥见这部文学经典背后的法律背景，而这些法律背景的交代阐释又与《红楼梦》中诸多女性的跌宕命运彼此交织，并最终谱写出一群女性在礼法规训下的生命悲歌。

二、被拐者的命运与司法操控者的良心

本书第一章写的就是作为《红楼梦》中女性命运隐喻的甄英莲。那个后来改名为香菱的英莲代表的是女性整体的悲剧命运,她们脱离了父兄保护和家庭庇佑后,生命就如浮萍一般颠沛流离、我见"应怜"。在柯岚老师的笔下,英莲有了另一个法律上的身份——被拐卖者,她的前半生几乎就是从一个拐卖者流落到另一个拐卖者,再至一个个收买者的手中,命运也由此一再跌落。

在书写这部分内容时,柯岚老师首先从《清实录》等诸多史料中描述了彼时人口买卖的猖獗。英莲出生于苏州,但即使如此富庶之地在清代时人口买卖也十分猖狂,"吴中人民,多鬻男女于远方。男之美者为优,恶者为奴。女之美者为妾,恶者为婢,遍满海内矣"。买卖如此猖獗的原因首先是,清朝初年因为战乱初戡,人口锐减,国家对于社会的控制也相当松散,这就造成了人口拐卖几乎难被追责。又与明代不同,清代放任官宦甚至庶民拥有更多的奴婢,这个因素与彼时严重的男女人口比例失调同样成为拐卖盛行的重要诱因。所以,"一记闷棍就改变命运"的事情自古就有,也似乎始终都是中国古代社会尤其是底层社会难以克服的沉疴顽疾。

我们都记得《红楼梦》天头写了"葫芦僧乱判葫芦案",但在柯岚老师看来,这个故事的另一层意涵是:英莲作为一个被拐者,她本来有机会获救,但她的命运再一次被黑暗的司法所操纵,并最终走向幻灭。英莲被拐后,其父为寻找女儿几乎倾家荡产,美满的家庭也分崩离析,这里体现的是如

果父母寻获被拐儿童没有任何社会系统支持，不仅几无可能，因寻找而产生的重负也会将本就失去孩子的家庭再次压垮。英莲被拐后还是有多次获救的机会，而最近的一次就是拐子将其连卖两家，两家都各不相让，买家之一的薛蟠遂指使豪奴将另一买家冯渊打死，由此引发这起"葫芦案"。

本案最令人唏嘘之处在于，主审法官贾雨村虽已确知本案中被两家争夺的被拐者，就是曾在贫寒时给他提供过帮助的恩人甄士隐的女儿，也知道甄家多年来为寻找这个女儿已近离散，但为了自己的前途，仍旧昧着良心草率乱判了此案。由此，拐卖者被轻纵，杀人者和买妻者未受分毫惩罚，而被拐卖者在这个因其而起的案件中却彻底隐身消音。她如何被拐子诱拐，在被拐过程中是否遭受伤害和侮辱，她是否还想重返父母膝下，我们都无从得知。无辜的受害者就这样成了完全的失语者，成了因一女多卖所导致的"殴伤人命案"的模糊背景。司法操纵者在本案中的罪恶，不仅在于其轻易就放过了拐卖者和收买者，还在于因拐卖这个案件起因被隐去，英莲的买卖也就被彻底合法化，英莲不仅成了香菱，她还成了被官府认可的、为薛家所合法收买的奴婢，自此也就再无可能摆脱贱民的出身，更无可能找回从前的名字，回归从前的家庭。

柯岚老师将这个案子称为"体制性的冤案"。在我看来，这个案子很好地揭示出被拐女性无论是哪个时代都可能遭遇的结构性困境。回想那个曾经极大挑战了众人道德底线的丰县生育八孩女子事件，其实也就发生在几年前。丰县事件最初引发了刑法中有关买卖是否应同罪同罚的广泛争论，这些争论后来也弥散出刑法范围，而更多关涉法律对收买被拐妇女究竟应持何种道德立场、应有何种价值坚守。值得指出的是，无论是清代的英莲还是现代的小花梅，造成她们人生悲剧的绝不仅是那些泯灭人性的拐卖者，那些毫无怜悯之心的收买者，还有目睹买卖甚至是侮辱却从未施予援手的村民邻人，还有纵容罪恶发生却毫不作为的公权机关。买卖妇女反映的是人性中最阴暗的部分，但这些交织了"沉重的历史包袱、文明洼地和观念障碍"的结构性困境，却是真正阻碍英莲和小花梅这些被拐卖者脱离水火的核心原因。这个原因被如此清晰透彻地写在一部不朽的文学作品中，又何尝不是像神话里的菲洛米拉一样，尽管失去了舌头，仍然可以将事情的始末织进锦缎，并以这种方式对所有的强暴者发起控诉。

三、不完美受害人的压迫与反抗

秦可卿之死一直是《红楼梦》里的最大悬案，而广为读者接受的解答是红学家俞平伯所写，秦可卿与贾珍私通被其婢女窥破后羞愤自杀。秦可卿自此成了一个有严重道德瑕疵的女性，她的死亡也再难获人同情。与俞平伯不同的是，柯岚老师尽管赞同秦可卿是自缢而亡，却在本书中给出了她来自法学视角的不同解答：秦可卿其实是一桩亲属相奸犯罪的受害人，其自缢也不是简单的羞报悲愤，而是一个根本无法寻求正当法律救济的被害者最后的反抗，她希望用死引入官府的介入，也令奸污了她的公公受到应有的惩罚。

柯岚老师为其结论引入了两个前提：首先，清代法律中存在"威逼人致死罪"。因为公务以外的原因导致了他人自杀都可能构成犯罪，只要官府查明了原因，导致自杀的人就可能被处以刑罚。又据《刑案汇览》记载，此罪是清代发案率排名第二的常见犯罪类型。（柯岚老师也在书中多次提及《红楼梦》中人物的自杀，大部分都会牵涉法律问题，尤二姐、尤三姐的自杀甚至成为后期贾珍被御史弹劾的原因之一）。这就给下文做了基本的逻辑铺垫，即如果一个弱者在受到伤害后控诉无门，她或许就可以选择自杀让致害者受到惩罚。其次，亲属相奸罪尽管自隋唐以来都被列入"十恶"重罪，但作为受害者的女性要想实现控诉却极其艰难：一方面清代法律为强调女性贞节，一般都要求性侵受害者必须有剧烈反抗，这就导致很多受侵犯的女性事后甚至需要通过自戕来自证清白；另一方面如果侵害者是家族中的绝对家长，那么要控诉其性侵就难上加难。因为清代法律对家族中家长特权和地位的绝对尊崇，在翁奸子媳的案件中，如果子媳没有剧烈反抗会被认为是明推暗就；若反抗自卫也会受到惩罚；若去官府告发又没有足够证据，更会以"诬执翁奸"被处以死刑；而若真的顺从，同样难逃可能被以通奸罪处死的厄运。由此，对于遭遇了贾珍侵犯的秦可卿而言，顺从、自卫和告发最终都是死路。既然横竖都是死，那么秦可卿对自缢的选择可能就并非被动而是主动，她不仅希望通过自缢摆脱胁迫和羞辱，还希望以死来实现对侵害者的最后控诉和反抗。

柯岚老师的上述灵感不仅来自她对清代法令的了解，可能还来自《刑案汇览》中所记载的真实案例。嘉庆年间确有不堪受辱的女性通过自杀，引入官府的介入，并最终实现了惩戒性侵者的目的。但无论是附加给性侵受害人极其严苛的证明义务，还是在亲属相奸的案件中，几乎未给处于低位的受害女性留有任何控诉和反击的余地，本质上反映的都是女性在法律近乎变态的贞节要求下的艰难处境。这种艰难处境使女性一旦成为性侵案件的受害者，就需要同时背负道德和法律的双重压制，她必须拼死反抗或者事后自杀才能证明她是个完美受害者，才能博取法律和道德的微薄同情，而"畏而不言，忍而成奸，肌体毫无损伤，过后不寻自尽者，仍是以强合，以和成，非强论也"，这又是对女性何等的苛求？

有关秦可卿境遇的这段解读也让人一再想起性侵犯罪中有关女性同意标准的嬗变。从最初的最大限度的反抗，即被害妇女必须有"损伤肌体、毁裂衣服之属"才能表征不同意的存在；到合理的反抗标准，即如果侵害人的强制手段并不明显，妇女也必须进行身体反抗，仅仅是哭泣、呼喊和愤怒就不属于合理反抗；到现在越来越多的国家采取"No means No"的标准，即只要女性在语言上明确表示拒绝就应被视为性行为的不同意。这些标准嬗变体现的又是女性尊严和女性的主体性在法律上的渐获尊重。可以想见的是，从最大限度的反抗到现在的"No means No"，中间又曾有多少个秦可卿屈辱悲愤地死去。柯岚老师在本章的结尾认为，或许在曹雪芹最初的写作计划中，秦可卿的含恨而死是压倒宁国府的最后稻草，这桩亲属相奸案会因秦的自缢而被公开，贾珍也因此会受到法律制裁，但这样的想象又何尝不是一个女性法律工作者因为对女性命运的深刻同情而产生的一厢情愿？我们在幻想中获得了安抚，却仍旧需要在现实中直面整体社会文化广泛存在的、对不完美女性受害人的苛责和压制。本书对秦可卿的解读，不仅针对历史，同样有现实关照。

其实本书中与秦可卿一样作为不完美受害人的，还有那个名字都没有的鲍二家的。《红楼梦》里写她在王熙凤生日的那天和贾琏私通，被王熙凤发现后厮打，回家后就上吊自杀了。因为她的仆妇身份，读者很容易将这场私通理解为贪图富贵，所以对她的死很难有同情。但彼时作为一名仆妇，一个法律上的贱民，她其实面对主人的性要求是毫无"性同意权"可言的。而法律上，自唐代开始，男主人若和婢女发生性关系，无论婢女是否同意都不会被认为是犯罪，清代尽管引入了惩罚，但惩罚也轻到实难与行为互相匹配。法律如此安排的后果就是默许男主人可随时侵犯婢女而不受任何惩罚。我们可以从中看到另一类性侵受害者更悲惨的处境，作为贱民，她们连生命权都不完整，毋宁再谈所谓的贞节，法律甚至不认可她们可以作为性侵犯罪的受害人，发生于主仆之间的性侵更多被理解为主人的自甘堕落。由此，这个身份更卑贱的受害人在作者寥寥一句"鲍二媳妇吊死了"中草草下线，结束自己屈辱的一生。

四、那些命若朝霜的女性们

除了英莲、秦可卿、鲍二家的外，本书还涉及清代的巫术犯罪、宗族管理、婚姻和家庭继承、妻妾宗法甚至是选秀制度和定婚法制等。作者仿佛侦探一般，仔细检视着红楼人物命运的所有细节，再将其中关涉法律和社会的部分徐徐延展，娓娓道来。《红楼梦》书写的是女性的悲歌，柯岚老师的工作则是揭示出悲歌背后深刻的法律和社会原因。因为增加了法律和社会维度的说明，本书让我们对《红楼梦》这部作品有了更深入的了解，也对红楼中的女性有了更多理解和同情。

其实，以我们现在的标准，很难说曹雪芹就是个女性主义者，但他对女性表达了最大的善意和同情。柯岚老师又从一个法律史学者的视角对这些故事做了更具开创性和纵深性的解读，也为那些被隐藏被遮蔽被消音的女性们，寻回了一点点历史的公道。读罢这本跨越了文学、历史和法学的佳作也让人再度感慨，若整体法律和社会仍旧缺乏对女性尊严的尊重，缺乏对女性权利的保护，女性整体的命运大概依旧会如见日即逝的朝霜一样，难逃悲凉的底色。

受害者不是少数人，是我们所有人

陈碧读《看不见的伤痕》《盐镇》

2021年10月14日，唐路案一审宣判，被告人唐路被判死刑。2020年9月，复婚被拒的唐路残忍地点燃了浇在前妻拉姆身上的汽油，将她烧成重伤。可怜的拉姆在医院痛苦挣扎了十六天后离开人世。拉姆与唐路结婚十年，其间多次遭受家暴。这个男人不仅对拉姆下手，还威胁要杀害她的家人和孩子。拉姆两次离婚，但终究未能摆脱唐路阴魂不散的纠缠，直到被残忍地杀死。唐路上诉后，二审维持了原判。

2024年12月27日，两年被家暴十六次的四川姑娘小谢终于等来了法院的判决。法院判定，贺某阳犯故意伤害罪和虐待罪，合并执行有期徒刑十一年。2021年5月小谢与贺某阳结婚，婚后两年时间里，贺某阳对她实施了十六次不同程度的家庭暴力，且一次比一次暴力。她被殴打最严重的一次，致身体四处重伤二级，五处轻伤二级。现在，她的左肾已丧失功能，只能慢慢重建自己。

2025年2月19日，陕西渭南市中级人民法院依法审理李某杀妻案。2024年9月4日凌晨，李某酒后与妻子发生争吵，使用钢尺、皮带、菜刀等工具对其进行殴打，又用六七十度的滚烫面汤浇灌并将其拖入锅中，致其窒息死亡。她死时头部瘀青、手臂骨折、胸前布满伤痕，身下一摊混着面汤的血水。她死后，家人和邻居才发现暴力早有端倪，可众人都以"劝和不劝分"的态度应对。

描述这类家暴案件，让人心生寒意。这只是进入公众视野的恶性案件，每年还有许许多多的家暴行为发生在一道道虚掩的家门之后，这种暴力不同于其他犯罪，大多数时候它是被遮盖的，甚至连最亲密的家人朋友也无从得知。

关于家暴，有这样几个迷思。

其一，当一个陌生人无缘无故对另一个陌生人大打出手，都会被认定为故意伤害；可当角色换成具有亲密关系的人，人们却往往将其视为"家务事"，与我无关。

其二，家暴只发生在少数人身上，要么这人运气不好，要么是某些性格缺陷、心理问题导致，家暴要从当事人身上找原因，谁痛苦谁改变，只要自己能保护好自己，家暴就不会发生。

其三，当家暴事件出现时，总有声音在问"为什么不离开"。我们总是说受害者应该放弃幻想、勇敢逃离，但分了手、离了婚，威胁就解除了吗？唐路案给出了一种悲观的前景，拉姆比相当多的家暴受害者勇敢，两次离婚，可她如此努力挣扎自救，为什么还是招架不住"致命爱人"？而小谢几乎被打死在提出离婚诉讼的前夜。更何况，还有很多不敢离婚的人，她们不得不与熊同眠。

本文写给那些身处家庭暴力之外的人，你们是幸运的，但可能自以为了解家暴，实际却一无所知。本文没有什么心理学的课题分体，更不会无情地说尊重她人的命运，家暴就是一种丑恶的权力控制，决不能纵容姑息。本文为仍旧认为家暴是女人之错——"一个巴掌拍不响"的人而写，在评论她人处境之前应当记得《了不起的盖茨比》里那句话："每当你想批评别人的时候，要记住这世上并不是所有人，都有你拥有的那些优势。"

一、为什么受害者选择留下来？

在美国作家蕾切尔·路易丝·斯奈德撰写的《看不见的伤痕》里，讲述了一个真实的案件：在蒙大拿平常的一天，一名叫洛奇的男子网购了一把枪，杀害了妻子米歇尔和两个只有六七岁的孩子，随即自杀。悲剧是从他们相遇开始的：十三岁的米歇尔遇见了二十四岁的洛奇，一见钟情。父母当然极力反对，但是命运似乎要把她推下火坑。十五岁时她生下了第一个孩子，一年之后再度怀孕。婚后的洛奇开始展现他的暴力，从小事开始掌控，而后渐渐升级。为了离开洛奇，米歇尔先把孩子送到父母家，同时搜集洛奇出轨的证据，并决定以此为筹码和洛奇进行谈判。可是洛奇抢走了孩子，米歇尔不知道一走了之会发生什么，最终选择在所有人面前和洛奇站在一起，以表"忠诚"。

这就是让人不能理解的一幕：在家暴案中，受害者总是会一次次回到施暴者身边，似乎她们记不住受到的伤害。《看不见的伤痕》指出，"回来"不是因为受害者懦弱，而是一种自我保护。只看表面行为，就以为她原谅了施暴者。实际上，我们不知道一个小心翼翼的受害者是什么样的，她们留下是因为她们无法得到充分的保护，而身边的施暴者步步紧逼。

她们大多遭受着长期的恐惧，这是在经验中逐渐累积起来的。习惯性的恐惧会让她们约束自己的行为——就像边沁设计的"圆形监狱"，中央是警卫监视塔，窗户不透明，周围是囚室，警卫能够看到囚犯，囚犯却看不到警卫。囚犯始终处于"可能被监视"的状态，但无法确认自己是否正在被监视。这种不确定性迫使囚犯自我约束，形成一种"无形的权力控制"——受害者也会花很多时间来试图让操纵者放心，相信她们的忠诚。

《看不见的伤痕》中有一个很形象的比喻解释了这种行为："当一头熊渐渐逼近时，你会怎么做？你会猛地起身尖叫、虚张声势，还是躺下来装死？"米歇尔撤回了人身限制令，撤回了所有的指控，告诉警察说"洛奇是特别棒的丈夫和父亲"。而拉姆与前夫离婚后又复婚，在第二次离婚后惨遭杀害。拉姆为什么回到施暴者身边？答案或许是——为了保护两个年幼的孩子和不断被骚扰的家人。第一次离婚，唐路以杀死孩子相威胁，复婚后唐路没有停止暴力，拉姆被打得四处躲藏，最后找人写了离婚起诉书。第二次离婚前后，连拉姆的姐姐都没能逃过毒手，被打到骨折。如果拉姆逃离了,她的孩子、她的姐姐和爸爸该怎么办?

这些受害者有一个共同点,她们做了各种尝试,但这些尝试让那头正在逼近的熊变本加厉。她们甚至没有意识到形势变得越来越严峻,直到凶案发生前的一刻,都怀抱一丝侥幸。不管是米歇尔,还是拉姆,她们都是两个孩子的母亲,都觉得有孩子在身边,对方不会要自己的命,可她们错了。

更悲剧的是,并不是所有的受害者都有逃离的念头。在依然封闭落后的小镇或者农村地区,离婚仍被视为"丢脸"的事情。家暴的受害者担心离婚会招致非议,甚至被贴上"不祥者"的标签,到最后会孤苦无依,所以她们连这样的念头都不曾有过,只能在永不停止的拳头下留下来。在描述农村小镇女性命运的非虚构作品《盐镇》中这样写道:

> 王大孃知道自己不会离婚,杨瞎子也不会,余群玲、曾二嫂、雷七孃也不会,事实上,在这里已婚的254,862名女性当中,像王大孃这样出生于20世纪60年代之前的,从未认真考虑过离婚这种选择。在过去的千年间,她们的母亲,她们的祖母都不曾做出这样的选择,在未来的时代,她们的女儿,还有女儿的女儿,做出这样的选择也会无比艰难。这里是仙市,它的词典里没有"离婚"这个词。

因此,我们不该问"为什么受害者选择留下来",相比之下,更好的问题是"我们该怎么保护这个人"。我们应该无条件地、不假思索地帮助她，不再去想她为什么留下、做了什么、没做什么之类的问题，只去考虑一个简单的问题：我们该怎么保护她？

二、那些危险的信号

《看不见的伤痕》中提到，受害者往往羞于承认自己正在遭受暴力，也不敢报警，会试探性地寻求他人的帮助，这很难让人捕捉到危险的蛛丝马迹。而几乎所有家暴案的发展都有一个共同点——家暴是从小事开始慢慢升级的。而这些小事也大多被忽视了。

这些小事包括：相识之初，他就可能展现出强烈的胜负欲和占有欲，经常表现出嫉妒。当他将失败的恋爱经历或者自身不幸都推到前任身上时，一定要警惕啊，女孩们！他会以过于迅速的承诺，去加速关系的发展，让你晕眩，让你误以为是爱情。你看不到危险，闪婚会成为受害者单方面的枷锁。在米歇尔的故事里，她才十四岁就一见钟情地进入了一段黑暗的关系，而小谢则是在网上认识了热情追求的粉丝，几个月后他就成了她的丈夫。家暴并非闪婚的错，但婚姻是如此重要的人生大事，《民法典》都规定离婚要有冷静期，结婚前是不是更应该冷静观察下自己的爱人？

在交往的过程中，下面这些事情可大可小，似乎是爱，又似乎是控制；似乎是偶发争执，又似乎是家常便饭。他可能不喜欢你化妆或者穿着习惯，他可能会说这是为你好。接着，他会吼你，或许会扔东西、摔盘子、椅子、砸手机。然后，他总是能看到其他男人对你有不轨的想法，你甚至会以为他也太在意你了。这一阶段往往相当隐蔽，似乎那些争执只是情侣间的日常，但实质上他确立了说一不二的地位，从此以后你为了息事宁人，不得不事事服从。

再然后，你的朋友越来越少，家里联系也变少了，他知道你的亲戚朋友不喜欢他。又因为某一天，他情绪不好，你触了霉头，他动手打了你。每个人都有心情不好的时候，并且他事后道歉了，你原谅了他。然后，下个月这样的事再度发生。暴力是波峰式的，事后他或许会痛苦，也会求原谅，也会扇自己耳光，有的还会剁手。我就亲眼见过一个朋友的男朋友在扇了她耳光之后用砖头把自己的手拍得血肉模糊，可即便这样惨烈的自我惩罚也没能让他变成一个情绪稳定的人。

这时，选择原谅的女人们并不仅仅是幻想对方会改变，而是那一刻她们产生了自我怀疑，觉得"是不是我也有错"。亲密关系的复杂性也在于此，如此激烈的感情冲突，飙升的肾上腺素和暴力之后安抚和温存带来的多巴胺的满足，也会让一部分人暂时迷失在情感的旋涡里。而长期的家暴会导致有的受害者自我归因，甚至对施暴者产生斯德哥尔摩症候的心理依赖，为他们寻找借口。

总之，无论掌控还是施暴，都不会像一记重拳一样突如其来，它们会缓慢释放，这时家暴已经升级。如果受害者试图反抗，比如忍无可忍之时提出分手或者离婚，施暴者总有办法重新掌握主动，例如威胁、侮辱，甚至引入家人来劝和。这一阶段顺利完成之后，控制程度会进一步加深，受害者在反复的暴力关系中已经产生了习得性无助，一生都将留在这个轮回。这样的故事很多，它们未必会升级为恶性刑事案件，但这也正是家暴案件被认为是"家务事"的原因，因为他们还在一起，他们习以为常。就像《盐镇》里描述的那样：

> 挨打久了也有规律——往往总是这样，孙弹匠第二天来找她，拿来舒筋活血的舒络油给她抹，两人若无其事一般，继续过日子。如此反复，并无新意。

在更恶劣的情况下，家暴会导致受害者对自己的心理或者行动能力失去信心，产生精神疾病或者走向自杀。电影《煤气灯下》讲述了丈夫通过心理操控让妻子怀疑自己的理智，从而控制她财产的过程：丈夫故意制造各种现象，比如调暗煤气灯，然后否认变化，让妻子以为自己出现幻觉；藏起她的物品并指责她健忘；禁止她与外界接触，甚至让仆人也参与否定她的感知。妻子逐渐变得神经质，几乎相信自己精神失常。这部剧诞生了心理学上著名的"煤气灯效应"。

这种精神折磨的软暴力在2019年牟某翰折磨包丽致死事件中触目惊心地呈现出来。当年10月9日，北大女生包丽在北京某宾馆内服药自杀，救治了半年多后离开人世。三年之后，她的男友牟某翰虐待罪名成立，入狱五年半。这种精神控制是怎么来的呢？在一对一的关系里，控制者会对特定的对象实行贬低、挖苦，甚至是侮辱。从一开始不断试探对方的底线，不停地否定，逐渐发展到辱骂、殴打、侵犯隐私，比如翻看手机，对方不能隐瞒任何行程和计划，必须听自己使唤，同时适时用小礼物做奖励。而关系中的被控制者虽然感觉不舒服，却怪自己：会不会是因为我没有体谅对方？是不是我的问题？这种善意如果被对方利用，就会承受日复一日的精神折磨。包丽不是不痛苦，不是没有挣扎，但最后也走向了彻底绝望，她把自己的死称为向施暴者的"谢罪"——"是我对不起你"。在精神控制之下，受害者处于一种丧失判断力的状态，这就是精神控制的力量和残害后果。

以上这些统统都是家暴，有人说它是以爱为名的私刑，但仔细看，爱白背了这个黑锅。如果相信那些家暴者的借口——"我都是因为这个女人才落到这个下场"，你甚至还会跟他们一起感慨——"早知今日，何必当初"。施暴者经常哀叹他们是怎样爱着那些被他们暴力对待的人，以至于身陷囹圄，然而这种相信自己内心的爱与暴力是同源的想法，本身就是自欺欺人。

去看看这些实实在在的暴力吧！它们包括身体暴力，殴打、捆绑、冻饿、扇耳光、掐脖子、踢肚子；经济暴力，不给钱、控制社交、控制穿着、不让工作；性暴力，强行发生性行为、拍摄色情照片视频；情绪或者语言暴力，威胁、侮辱、谩骂、冷暴力……它们可能发生在任何人身上。

我曾经认为家暴的被害人多在乡村、在小镇、在那些思想和经济都不够独立的人群里，可即便是北大高才生的包丽也会遭受软性家暴和精神控制。她虽在北上广，依然也是一个连生存权都保障不了的女性。即便是受过高等教育身处一线城市的人，都可能逃不掉这个阴影，问题还是你命不好吗？还是受害者的错吗？

最可怕的致命暴力体现在洛奇案和唐路案这样的场景中。非虚构作品《致命爱人：家庭凶杀案中的两性关系》通过真实案例和心理学研究，分析了若干起从相爱到谋杀的悲剧过程。如书中所言，"操纵者认为只有杀掉受害者才能重新夺回他的控制权"。——所以这不是所谓的"脑子里的弦突然断掉"一般的激情犯罪，而是冷静的、深思熟虑的谋杀。在电影《天水围的夜与雾》中，受害者晓玲察觉到丈夫李森异常"冷静"，就像是暴风雨到来前的平静，她预料会有大事发生，但警局再一次忽视了她的求助，最后她和两个孩子都死于李森的毒手，事后李森还冷血地试图伪造"她杀"现场，结果自伤流血过多后死亡。亲密关系里的凶杀案往往伴随着"过度杀戮"和"持久性暴力"，行凶的过程是充满着愤怒的："几乎没有一刀身亡、一枪毙命或一拳致死的情况。"

因此，对于那些危险的信号，越早识别出来越重要。当他开始试探你的边界时，当他开始翻看你的手机时，或者以玩笑的方式羞辱你，清理你的朋友圈时，当他第一次动手的时候，事情已经不对劲了。在每一个阶段，行为都是有迹可循的，识别这些危险信号，为及时干预从而降低伤害、拯救生命提供了可能。

在美国，自二十世纪六十年代设立的庇护所曾是解决家暴问题的成功尝试。它既可以是旅馆里一张过夜的床，也可以是居民区中由多个家庭共用公共空间的独栋住宅，它是随机的、秘密的，给逃离控制的受害者一个重新开始的可能。更重要的是，在最关键、命悬一线的时刻，让她们远离危险。有时候，只要他在动了杀心之初的二十四至七十二小时找不到人，家暴升级为凶杀的概率就会明显降低。

我们可以进一步讨论社会是否给家暴受害者提供了充分的法律支援、社会救助、心理干预、庇护系统等。但始终有一个不能回避的问题是，是什么让受害者和旁观者一起变得麻木？变得更容易接受伤害而不是说不？会不会是我们的社会和文化标准塑造了并不良善的两性关系，会不会是我们的文化在教育女性温柔、包容、逆来顺受，以及男性就是一家之主，女性就应该顺从男性？

三、施暴者的故事

二十世纪六七十年代，几乎所有研究都曾将家暴归因于行为人受到了某种"刺激"。直到八十年代初，美国反家暴倡导者埃朗·彭斯提出了"权力控制轮"理论，人们才逐渐看清家暴的行为模式。在权力控制轮的外圈，代表着性暴力和身体暴力，在内圈则代表着长期持续的行为模式，它通常表现为威胁恐吓、情感虐待、PUA、否认与指责、利用孩子以及经济虐待。施暴者大多会否认自己真的在实施暴力，把施暴责任推给对方，说是对方导致的。

施暴者心理研究专家指出："许多受害者经历暴力后，生活会变得一团糟。这正是施暴者想要的——我想把你变成这样，这样就没人会想要你了。"另一方面，在施暴者口中，我们常常听到："打你是因为爱你！""我喝酒了，一时没控制住。""是她惹我发火，要不然我能动手吗？"

施暴者在权威被挑战时做出的选择就是暴力，比如他出轨被指责、他赌博被劝告、他事业失败等，他感觉到失去了控制。他不能以其他的方式表达自己的情绪，只有暴力。讽刺的是，暴力不是天生的，而是一种后天习得的行为。促使施暴者做出暴力选择的，正是我们习以为常的社会文化。换言之，如何成为一个男人的观念本身是被灌输的，文学、影视的刻画就是男人必须强有力——"以某种方式将暴力与解决问题等同起来了"。作为一个男人，可以表达愤怒、展示权威、实现征服，他们可以通过暴力消除内心的痛苦，但不可以示弱，不可以流泪。从文明的角度，这种攻击性可以升华为事业、领地和国家版图；从野蛮的角度，这种攻击性就表现为对更弱者的欺凌和霸道。

绝大多数因家暴入狱的男人第一次目睹或被施加暴力是在孩童时期，在自己的原生家庭中。比如唐路，他和弟弟从小就是被打大的。许多施暴者身上存在着暴力倾向、偏执和控制欲，这当然不是要给施暴者找理由，相反这可以反驳"受害者有错论"，因为这不是受害者的问题，而是施暴者的问题。

《看不见的伤痕》一书建议我们问那些施暴者三个问题：你经历过最糟的事是什么？你对别人做的最糟的事是什么？你最爱的人经历的最糟的事是什么？相信你会收获一些令人心碎并且震惊的回答。答案告诉我们，施暴者的暴力如何产生，它可能来自缺乏沟通、强掌控的家庭关系，来自不正常的童年经历，来自有毒的大男子主义。这三个问题让我不由得想到拉姆的两个孩子，他们在什么样的环境下长大，他们现在还好吗？暴力的代际遗传是否给他们的人生投下了阴影？

一个施暴的男人有没有可能改邪归正？答案不外乎这几种：过来人说家暴只有一次和一万次，受害者说她们希望他们能改，而施暴者则说他们可以改。如果我们否认改变的可能，那就忽视了人的主体性和众多社会工作者的努力；但施暴者的自说自话也是信不过的。

行文至此，我们面临一个结构性问题的拷问，如果我们的性别叙事仍然如故：男性被侵犯只能愤怒，女性被侵犯只能忍受，那么改变将会极其困难。归根结底，这是一种既压制受害者，也压制施暴者的文化。

刑事追责是家暴的最后解决方式，应对家暴最好的时刻是在事态变得更严重前。我们要和那些年幼的男孩、女孩谈一谈，给他们更多解决问题的方法，暴力和忍受暴力都不是唯一的选择。我们要营造更为平等的两性关系，在冒犯面前男性不必被教育用拳头解决问题，女性也不必用顺服来守护关系，他们都应该有正确的方式说"不"。假如性别的刻板印象被打破，家庭暴力的惯性或许能得到缓解，我们的功夫要花在事外，时间线将被拉长，但是很值得——去做那些正确但不容易的事。

四、如何减少家暴？

回顾我国反家暴的历史，是从 1995 年在北京召开的第四次世界妇女大会开启的。二十世纪七十年代，国际社会开始共同关注家庭暴力。为保护妇女人权，联合国相继通过了一系列国际公约和文件：《消除对妇女一切形式的歧视公约》（1979）、《维也纳宣言和行动纲领》（1993）、《消除对妇女暴力宣言》（1993）、《行动纲领》（1995）、《家庭暴力示范立法框架》（1996）等。这些思想在二十世纪九十年代深刻地影响了那一代的法学研究者。

我国在 2001 年 4 月修订的《中华人民共和国婚姻法》第一次以立法的形式规定"禁止家庭暴力"。同年最高人民法院发布婚姻法的司法解释，对家庭暴力做出具体界定。此后《妇女权益保障法》《未成年人保护法》及《老年人权益保障法》等先后修订，对家庭暴力问题进行规制。

南京吉星鹏杀妻案发生在 2013 年 4 月 25 日，因其残忍性和社会背景引发了广泛关注。吉星鹏因莫须有的"出轨"传言，持菜刀、水果刀等凶器对妻子祁某欣连续砍刺六十余刀，致其当场死亡。案发时，他们的女儿仅百天大，目睹了整个过程。此后 2015 年上海、青海、山西等地发生的杀妻案，推动了 2016 年《反家庭暴力法》出台。该法中规定了人身安全保护令制度、庇护制度、告诫制度以及强制报告制度等。其中，告诫制度适用于家庭暴力情节较轻的加害人，强制报告的责任人则是学校、医院、基层组织以及福利机构等。因为这些机构最有可能接触到家暴的隐秘信息，他们有义务及时报案。但强制报告仅针对那些无民事行为能力或限制民事行为能力的人，因恐惧不能自救的正常人呢？法律认为她们有自由意志，但这未必成立。

值得一提的是人身安全保护令制度，法院可以应受害者的申请，禁止施害者接近或接触她们。后来人们发现，仅保护婚姻关系中的受害者还不够，在恋爱关系以及离婚后产生的家暴问题也不容忽视。《反家庭暴力法》将家庭暴力定义为家庭成员之间的暴力行为，而拉姆被杀是在离婚之后，2021年南京驾车追杀前妻事件也是离婚之后，身处于类似事件中的女性因为施暴者并非家庭成员而无法申请人身安全保护令。为此，2023年新《妇女权益保障法》第二十九条将恋爱、离婚之后侵害妇女权益的行为同样纳入人身安全保护令的保护范围内，而前文提到的牟某翰折磨包丽致死事件也倾向于把家庭暴力做扩大解释，把已经形成同居关系的人解释成"家庭成员"，从而扩大了虐待罪的适用范围。

另外，人身安全保护令被人诟病的一点是惩戒不足。2016年确立之初未明确与刑法衔接，导致无法刑事追责，违反保护令的施暴者面临的不过是十五日以内的拘留、一千元以下的罚款，这很难起到威慑作用。直到2022年最高法通过司法解释，确认违反人身安全保护令，符合《中华人民共和国刑法》第三百一十三条规定的，以"拒不执行判决、裁定罪"定罪处罚；同时构成其他犯罪的，依照刑法有关规定处理。刑事追责终于让人稍微松了口气。

但是，凶案和悲剧仍然在发生着，即使我们做了以上这些。《看不见的伤痕》里讲述了多萝西的故事：多萝西带着最小的女儿准备逃离丈夫。她求助了法庭、家暴中心，也进入了庇护所。她的丈夫对她实施了几十年的暴力，威胁要杀了她。这一次她下了决心，因为丈夫开始对十一岁的孩子施暴。很多受害人都是在孩子受伤的那一刻，决定不能再忍。限制令生效后十几天，丈夫仍然出现了，拿着枪。因违反限制令被逮捕，但他交了五百美元就被保释了。第二天，他闯入了多萝西的家。孩子立即报警，警察也以最快的速度赶到。他们都知道面对的是一个极度危险的人。就在撞开门的那一刻，他开枪杀了多萝西，而后自杀。现场只听到一声尖叫"不，妈妈！"这声音来自一个十一岁的女孩。她永远失去了妈妈，和杀死妈妈的爸爸。

所有的人都很沮丧，在美国的反家暴体系面前，她的死似乎是一桩可以避免的事。同样，拉姆的死也令人耿耿于怀。所有人都看到了她的危险，但又无能为力。虽然两次离婚，但暴力袭来的时候拉姆依然毫无抵抗能力。我们仍然需要检讨，我们的社会应当有怎样的响应机制，才能在暴力尚未升级时提前加以制止？危险信号出现的时候，警报就要立即拉响。她们需要的庇护是火警级别的，晚了就来不及了。

可是，对拉姆们来说，这些太奢侈了。她们所生活的偏远地区，资源与信息那么匮乏，离家暴零容忍那么遥远，更别提她们并不知道自己可以如何用尽法律救济。我写的这些案例和书籍，可能最应该知道的人都在偏远乡村，但是偏偏她们听不到。

《盐镇》讲的就是我家乡的故事，我就出生在那个千年古镇——仙市，书里写的那些被丈夫打了一辈子的女人，我竟然擦肩而过，却不得而知。《盐镇》中写到的那个王大孃，她的丈夫就算自己在外面出轨一百个女人，也绝不允许她拥有任何个人时间。她不仅向丈夫交出了自己人生的支配权，还有一种本能的自我约束。她结婚四十几年，被打了五百多次，她怨了一辈子，如今周围的人因为"哀其不幸，怒其不争"都放弃了劝她，甚至对她都像对待"祥林嫂"一样。我向盐镇上的亲戚们问起她，她们的评价多半是"她命不好"。跟她一样，他们把这样的事情看作常态，认了吧，然后再继续代际轮回。

我之前的认知大概是这样：派出所的告诫可以吓唬住挥动拳头的纸老虎；人身安全保护令可以解决大部分问题；当情况变得很糟时，受害者大可以一走了之……后来，我是在《天水围的夜与雾》之后才了解亲密关系里的暴力如何升级，在牟某翰折磨包丽致死事件后才开始关注隐秘的精神控制，在《盐镇》之后才体验到直到今天小镇女性仍然被压迫到骨子里的酸楚，在《我经过风暴》以后才理解 Why Women Kill——"以暴制暴"是习得的……

我们对与我们有不同经历的人的生活极度缺乏想象，再加上最近流行的这句话——尊重他人命运，放下助人情结——就更加不愿追问那些眼泪和委屈背后的真相。有的人一生都没有说出自己的故事，她们有很多"包袱"，包括经济问题、子女的将来、婚姻观念、传统思想、社交网络及亲友的压力，她们可能一生都要与自己的这些压力共存，以至于很难做出实质的改变。这最终造成了人们认知的狭隘与刻板——这是你的命运，你的选择，我无能为力。

在我写了这么多故事之后，我越来越感受到这么想可能错了，这不是一个人的命运，而是女性共同的命运。当我们预判一个受害者的未来时，无论预判什么，都要记得一个普遍的真理：我们中没人能知道将来自己身上会发生什么。我们得永远站在她身后，支持她，不离不弃。这就不再是少数人的叙事，而是我们共同的叙事。

艺术家失德后，才发现困惑我的同样困惑她

赵宏读《亲爱的生活》《逃离》

文学圈2024年最大的新闻应该就是，门罗塌房了。翻检朋友圈，发现我上次给她发圈还是她去世，时间仅间隔了短短两个月。塌房的原因竟如此诡谲：她的小女儿九岁时被门罗的第二任丈夫性侵，门罗在十几年后得知了真相，却至死都保持了缄默。

在开往南京的火车上，我问陈碧老师，一个人的私人生活和其艺术成就是否应该分开看待，如果仅因某人私德有亏就彻底否定他的艺术作品，是不是太傻了。我们为什么很难原谅门罗呢？

我想无法原谅的原因大概有两个。

首先，门罗是女性主义作家。尽管门罗自己拒绝这个标签，但她的书写是实实在在、彻头彻尾的女性书写。记得很长一段时间，她的《亲爱的生活》《逃离》就待在我的床头，翻开其中任何一篇，都会迎面撞上那种独属女性的困惑、迷失和挣扎。她并不提供出路，甚至很多时候都像个冷眼旁观

者，表达出对女性能否真正逃离的诘问和绝望，但她的书写能轻松抵达每个女性读者的内心深处。一个可以如此通透地洞察女性处境、洞察两性关系的女性作家，总会让人期待她可以比我们都表现得更好，但现实是，她在知道自己的丈夫是个恋童癖时，仍旧无法逃离对亲密关系的依赖，且毫无道德底线地与渣男相守至死。这种极端"恋爱脑"实在让人下头。而作为读者，期待落空后留下的巨大震荡也让人久久不能平复。

其次，门罗是个母亲。尽管经过女性主义的洗礼，苛求一个女性完全地奉献自己，完美地履行母职，已是绝对的政治不正确。但在女儿遭受性侵时毫无作为，甚至还在公开采访时，对施暴者展现出柔情蜜意，这不仅是父母行为最错误的示范，也是对女儿更严重的伤害。一边是表面美满却暗潮汹涌的婚姻，一边是深受打击甚至在成年后仍因幼年经历而备受折磨的女儿，门罗选择了前者。这一选择无疑是对女儿的背叛，是对其母亲身份的背叛。

我试着去揣测门罗如何正当化自己的选择：丈夫只是短暂地出轨了另一个女人，而这个女人恰巧就是她九岁的女儿。出轨的原因大概如丈夫辩解的，是很多成年男性不可抑制的"洛丽塔"情结，还有女儿为挑战禁忌的"主动勾引"。所以，她原谅的是丈夫的出轨，而不是犯罪。但么通透的门罗真的可以确信这种自欺吗？据说门罗生前最后的时光备受阿尔茨海默症的折磨，但在偶尔清醒时，还是对已经失联很久的小女儿表现出担心，也尝试做点什么。此时距离门罗的第二任丈夫去世已有三年，距离知道女儿被性侵已有十几年，但母女和解的时机已永远地错过了。

大概是为门罗作为诺奖得主的巨大声名所累，也是为了给年迈的她保留最后的体面，所有知道真相的门罗家人都不约而同地在其还在世时保持了沉默，其中甚至包括第一时间就知道真相的门罗的首任丈夫——被性侵女儿的亲生父亲。但西方世界毕竟没有"逝者为大"的观念，在门罗去世仅两个月后，这个深埋了二十多年的家族秘密就被门罗家人亲自揭开。

一个好友在知道门罗事件后说："我已经无法直视她的作品，因为会时时怀疑其中的精神内核。"相比不愿再展开其作品的好友，门罗的塌房似乎给了我重新翻看她小说的理由。我仿佛变成了一个侦探，拿着放大镜检视每个当初被我遗漏的细节，也尝试从这些细节里读取出门罗最幽微的心情、最隐秘的表达。我想，这大概也是在门罗塌房后，读者对其作品的两种典型的态度：没有优劣，只是选择。

在所有关于门罗作品的介绍里，都提到一个问题：《逃离》，这也是她最著名的作品。女性逃离婚姻、逃离家庭、逃离眼前的生活……这种极力摆脱现有身份和当下处境的书写总是能引起女性的广泛共鸣。在长久的道德和责任的压制下，逃离似乎成了女性自知和自证的开始。但门罗书里女性逃离的结局似乎总是不妙，不是因为怯于独立生活而重新回归，就是即便勇敢地对抗命运、对抗责任，但最终仍旧要面对生活的逝去、爱的逝去。坚守和逃离在巨大的宿命面前几乎没什么分别，所以逃离的意义又在哪里呢？

在声浪翻腾的女性主义思潮下，门罗似乎掀开了一个巨大的黑洞，揭示了一个残酷的真相：作为女性，我们可能无处可逃。这种黑暗、复杂和残酷都让她的书写显得弥足珍贵。今天来看，似乎这也是她的人生映照，即使取得了如此显赫的世俗成功，女性在心理上依旧摆脱不了对亲密关系的依赖，依旧无法精神强悍地拒绝渣男的示好和陪伴，依旧不能独自面对未知生活的巨大虚空。但除了批判和苛责，女性主义又能提供什么呢？我们是不是应该在承认这点的基础上再重新出发？

除了逃离，就我个人的阅读体验而言，门罗的女性书写还有另一个格外诱人的主题：诱惑和背叛。在《亲爱的生活》里有一篇小说《漂流到日本》始终让人印象深刻。一个女诗人尽管有安稳的家庭和可爱的女儿，却一直有颗躁动的心。她在一次诗歌活动中对一个来自多伦多的男人动了情。在经历了长久的思念煎熬后，诗人终于等来了去探望这个男人的机会，小说就以她带着三岁的女儿上了开往多伦多的火车开场。读者期待门罗会谱写这个女人和多伦多男人的"廊桥遗梦"，但小说的故事都在火车上发生。在火车上，诗人又结识了一个年轻小伙，两人喝酒调情，她还在女儿睡着后跑去小伙的车厢做爱。诱惑在此轻易就得到了满足，甚至没有任何危险。但结果是，她回到车厢时发现女儿不见了，局面也彻底失了控。她发疯一般在车上寻找女儿，最终在车厢连接点找到了孤零零坐着的女儿。这一刻她觉得是上帝的提醒：所有的诱惑都有代价。她甚至决定放弃诱惑重新回归家庭。此时，车到站了，她拉着女儿的手往外走，那个多伦多男人走过来接过她的箱子，并给了她一个坚定的吻。门罗描写女诗人的心情，"先是震惊，接着心里一阵翻腾，然后是极度的平静……她没有试图逃开，她只是站在那里，等着接下来一定会发生的任何事"。小说就在此处结束了。

所以，你以为在和欲望、诱惑的逐力里，女性会赢吗？可能偶尔侥幸会赢，但大多数时候都会输。我们自以为足够强大足够聪明，可以在主宰诱惑的同时，避开所有的危险，但现实是，它可能会让你付出惨重的代价，大到你根本无力偿付。但我们从失败里领受了教训吗？完全没有。就像漂流去日本的女诗人，在经历短暂的顿悟后，她仍旧将自己交托给了不确定的命运，仍旧臣服于新一轮的诱惑。这就是人性。所以，面对诱惑，女性可能并不是比男性更高级的物种，也无法自诩拥有更高的道德。我们都会轻易就被欲望俘获，即使领受了教训，也绝无可能变成一个新造的人。

之前读到这篇时，总感觉是门罗在讥讽我们的软弱和无力，现在再读，觉得她自己又何尝不是呢？即使她比我们拥有更多的领悟，但知道和行动之间仍旧有巨大的沟壑需要填满。这对普通人来说异常艰难，对门罗来说似乎也一样，她只是借由故事的讲述，比我们更清晰地记录了这些复杂脆弱，现实表现得却还没我们果敢决断。

网上评论说，门罗塌房是件好事，至少让我们又完成了一次文学祛魅。而且，发现作家的道德瑕疵再去阅读她的作品，或许更是个好的契机，至少我们不会再照单全收，或者期待作家告诉你出路和答案。因为你发现，困惑你的同样困惑她，羁绊你的甚至在更大程度上也在羁绊她，出路和答案最终都需要自己去寻找。作为一名女性法律工作者，门罗对女儿遭遇性侵的态度深深刺痛了我的专业良知。但撇去专业考虑，门罗事件的确提示了女性处境的极度复杂，这种复杂又对被过度简化了的女性主义提出了更高要求。

记得《亲爱的生活》的封底有句话，"我们总会说他们无法被原谅，或者我们永远无法原谅自己。但我们原谅了，我们每次都原谅了"。或许门罗就是通过这种方式在晚年实现了跟自己的和解。那些难以释怀的痛苦最终都会被时间疗愈，我们最终也都会原谅所有曾经我们认为无法原谅的人和事，并因此获得良心的安宁。但，这是真的吗？

第四章

批判是自由的灵魂，捍卫不合时宜的自由

只有真理才让人拥有真正的自由

罗翔读《论自由》

1999年，我在法大读研。第一次读穆勒的《论自由》。至今还能回忆起初次阅读的震撼，已经发黄的旧书上密密麻麻地写着很多读后感，书本中有三分之一的篇幅被画线标注。对于当时的我，书中很多观点如同惊雷。

穆勒是边沁的学生，他批判性地发展了老师的功利主义。边沁认为人类由痛苦和快乐主宰，道德的最高原则就是使幸福最大化。法律的根本目的在于追求"最大多数人的最大幸福"。功利主义最大的问题是会导致多数对少数的不宽容，也就是多数的暴政。而且多数往往只是名义上的，组成多数的个体大多沉默与盲从。

为了解决这个问题，穆勒将人的尊严引入功利主义。穆勒认为，从长远来看，尊重个体自由会导向最大的人类幸福。尊重每个个体的自由，会让个人的能力得到最大的发挥，增进社会福祉。

穆勒《论自由》一书开篇即引用冯堡的名言："人类最为

丰富的多样性发展，有着绝对而根本的重要性。"只有在自由的环境中，才能诞生天才，天才在一般人看来是怪异的，也不太能够循规蹈矩，但是天才会极大地促进社会福利。

在这部伟大的著作中，穆勒为个人自由竭力辩护。

> 只要我们的行为不伤及他人就不受人们干涉，即使在他人看来我们所行是愚蠢的、乖张的或者错误的。
>
> ……唯一名副其实的自由，是以我们自己的方式追求我们自身之善的自由，只要我们没有企图剥夺别人的这种自由，也不去阻止他们追求自由的努力。在无论身体、思想还是精神的健康上，每个人都是他自己最好的监护人。
>
> ……从长远来看，国家的价值，归根结底还是组成这个国家的个人的价值。

这本书对我个人在职业、专业和志业上都有重要的纠偏意义。

首先是对"学而优则仕"职业观的反思。

对于知识分子，叙拉古的帝师梦是一个挥之不去的诱惑。但穆勒却提醒我们："不必要地增加政府权力乃是一种极大的祸患"，如果最优秀的人才都充斥在官僚机构，那么社会中的其他人无论追求什么，都唯有仰承官方的旨意。谋求进入官僚机构，进入之后又谋求步步高升，就成为人们进取的唯一目标。

当权力意味着优秀，那么权力的趾高气扬也就可想而知，它无法容忍批评，因为在优秀者看来，一切批评都是愚人的蠢见。当批评的声音不复存在，官僚体系就有可能陷入僵化，"如果一国之内所有才俊都被吸纳进入政府，那么政府本身的精神活力和进取之势迟早都会丧失"。

同时，当民众习惯于政府成为他们的家长，"那么他们自然会把一切临到自己头上的灾祸都视为国家的责任，一旦灾祸超过他们的忍耐限度"，他们也就无法忍受家长的无能。因此，穆勒认为，精英应该分布在各个行业，这样才能保证社会的活力与稳定。

2005年我又回到法大做了一名老师，我立志成为一个好老师。但是多次晋升未果后，我非常郁闷，一度想过辞职。一位朋友问道："如果一辈子都是讲师，你还能不能做一个好的老师？"我想了很久，觉得即使一辈子无法高升，那也还是希望能够做一个好老师。朋友说："那不就得了，好好带学生读书吧，能够成为一名有责任心的老师本身就是幸福。"

名利本是浮云，人无法追上浮云，但浮云会不经意间来到人前。越是追逐荣誉，越是难以追到；越是轻看荣誉，荣誉反而会来追你。其实，没有任何荣誉是我们伪善幽暗的灵魂所能承受的。

其次是对法律功能的专业反思。

最初学习法律，我总认为法律是治人的工具，看到每个行为，本能就想着这犯法吗？这个要判几年？但是穆勒提醒我：总是治人的法律是人治，不是法治，法治重要的功能之一是对权力的约束。

穆勒举了一个如何限制鹰王权力的例子。据说这里的鹰王是英国国王的谐音梗，eagle和england发音很像。"在一个群体中，为了保护弱小者免遭无数秃鹰捕食，有必要由一个比其余者都更强的鹰王受命进行统御。但是这个鹰王对群体的戕害实不亚于那些小一号的贪婪者，于是群体又不得不对鹰王的尖嘴利爪时刻加以提防。"所以，法治思维的要义就是抛弃权力本善的预设，始终要警惕权力的滥用。因此，法治的一个至关重要的问题就是：惩罚边界到底何在？

穆勒给出了一个简明的原则。

> 若社会以强迫和控制的方式干预个人事务，不论是采用法律惩罚的有形暴力还是利用公众舆论的道德压力，都要绝对遵守这条原则。该原则就是，人们若要干涉群体中任何个体的行动自由，无论干涉出自个人，还是出自集体，其唯一正当的目的乃是保障自我不受伤害……仅仅是防止其伤害他人……不能因为这样做对他更好，或能让他更为幸福，或依他人之见这样做更明智或更正确，就自认正当地强迫他做某事或禁止他做某事。

正是因为穆勒的洞见，刑法理论诞生了损害学说，如果一种行为没有损害他人的利益，那就不是犯罪。

一方面，立法者不能动辄以社会利益、国家利益这些超个人利益的名义随意扩张惩罚范围。在穆勒看来，如果超个人的利益无法还原为每个个体的利益，那么这种利益就是一种虚假的利益。在刑法中，有许多看似言之凿凿的罪名，在这种观念的审视下其实都是不严谨甚至错误的立法。有些行为也许对多数人构成了强烈的冒犯，但这种冒犯更多只是一种情感上的不爽，这种不爽甚至还只是人为的偏见，不能因为这些冒犯就发动惩罚权。

另一方面，立法者也不宜老以家长自居来安排民众的生活，自以为是地认为限制你的自由是为了你好，打是爱，骂是亲。家长主义立法只能针对小孩，不能针对成年人。有一种冷是妈妈觉得你冷，对小孩还说得过去，但是如果对大人还这样，这就有点过了。

穆勒提醒我们法治的意义。人类的文明就如火山口上的薄纱，非常脆弱。如果人类要走出治乱循环的宿命，法治可能是唯一的选择。越是紧要关头，越是要坚守法治的底线。

最后是对我学术志业的反思。我曾经在功名的道路上一路狂奔，立志成为一个杰出的学者。"为天地立心，为生民立命，为往圣继绝学，为万世开太平。"横渠四句激动着我年轻的心，我不喜欢反对的声音，容不得他人的批评，我觉得自己的志向如此高远，他人的指责与批评都只是嫉妒与无能的一种体现。

但穆勒的《论自由》让我从独断论的沉睡中惊醒。穆勒让我反思批判精神的无比重要，学术的生命就是要接受他人的批评。很多时候，越是崇高的志向越是让人忘记人性固有的幽暗，自欺导致自负。

穆勒用四个环环相扣的论证来证明思想自由以及意见表达自由对人类精神幸福的必要性。首先，反对的意见有可能是正确的，我们所笃信的可能是错误的，人不可能是无谬的存在；其次，反对意见即便是错误的，但也可能包含着正确的成分，通行的意见并不一定是全部真理，只有与反对意见进行碰撞，余下的部分真理才有机会得以补足；再次，就算通行意见不仅正确而且是全部真理，也应该接受反对意见的不断挑战，因为这会让真理更加鲜活，不至于沦为教条；最后，如果真理成为教条，接受者在不理解的情况下被动接受，真理也就会失去意义，对人的身心言行不再有积极影响，沦为空洞的形式。

穆勒在《论自由》一书中不断地提及苏格拉底，穆勒和苏格拉底都主张批判精神，那么二者有无不同呢？

苏格拉底承认自己的无知，唯一所知的就是自己一无所知，但是最终他还是想从无知走向有知，他所有的怀疑都是为了确信。我们越是笃定，越是能够从容地接受一切批判。但是穆勒到底有没有相信的东西呢？如果只是为了怀疑而怀疑，如果怀疑不是建构，只是解构，这种怀疑是否会走向虚无呢？这个问题，我一直在思考。

随着年岁的渐长，尤其是对自我人性的认识，我放弃了穆勒的很多主张。在新版本的《论自由》中，我在书中随手写下的读后感主要是批评而非点赞。穆勒对于人性太过乐观，他给人充分自由的选择，认为大部分人都会自由地选择崇高，拒绝卑劣。但我有限的个人经验告诉我：不少人往往都是心中向往崇高，却自由地选择卑劣。还有人根本不知道如何选择，他们会自由地把选择权让渡，希望他人帮助自己做出选择。

虽然对于穆勒的很多观点我有不同的看法，但是我想穆勒会欣赏我的批判态度，因为这种批判性的思维原本就是《论自由》的灵魂。

我慢慢地告别了自己最初的雄心壮志，我不再想变得杰出，只想努力变得诚实，诚实地面对自己的内心，诚实地对待自己的职业，和学生们一起重温人类那些激动人心的教导，让同学们始终以一种谦卑的批判精神来追求真理，因为只有真理才能让人拥有真正的自由。我把这作为我尘世的志业。

韦伯在《以学术为业》的结尾引用了《以赛亚书》的一段对话："守望的啊，夜里如何？守望的说，早晨将至，黑夜依然，你们若要问就可以问，可以回头再来。"

但是，如果没有光明，对于黑夜的忍受是没有意义的。

在不合时宜时坚持原则

陈碧读《正义的决疑》

我和车浩老师的相识,源于 2022 年的丰县生育八孩女子事件。此案引起了全社会对于收买被拐妇女罪的刑责问题的关注:《刑法》第二百四十一条第一款规定:"收买被拐卖的妇女、儿童的,处三年以下有期徒刑、拘役或者管制。"这一最高刑期应否提高?

法学界有提高派和维持派两种观点。

车浩老师是维持派,认为现行法尚有解释空间因此不用修法,可以用数罪并罚来解决问题,毕竟重刑也唤不醒收买者及其帮凶的良心,而且还可能逼出更多的犯罪黑数,导致更多被拐妇女永不得解救。

罗翔老师是提高派,他认为:共同对向犯,如非法买卖枪支罪、购买假币罪和出售假币罪,刑罚完全一样。只有拐卖妇女、儿童罪与收买妇女、儿童罪这一对共同对向犯很特殊,双方的刑罚相差悬殊,到了与共同对向犯的法理不兼容的地步。对于买人的制裁力度甚至比买动物还要来得轻缓,这样一来，不免有"人不如猴、人不如鸟、人不如物"的意味，无论如何都会让人对法律的公正性产生怀疑。

我一直不是个重刑主义者，但这次我是提高派。因为在顽固强大的收买犯罪面前，女性的人格尊严已无路可退，必须通过严厉的刑罚来表明态度。但与此同时，我特别理解车浩的论证逻辑，看他的文章有一种看自己左右互搏的乐趣。虽然提高派得到了公众的普遍支持，但很难说这是重刑主义的胜利，还是自由主义抑或是女性主义的胜利。后来，罗翔老师介绍我和车浩认识，聊得十分投机，可谓不打不相识。

我很喜欢车浩老师的法律评论集《正义的决疑》，当然不是因为他专业厉害，刑法学界的"车神"早就有了江湖地位，而是因为车浩的文章跟他的段子一样是有门槛的，走的是时事评论和法学论文的中间道路。虽然他已经"尽可能雅俗共赏"，但由于篇幅和专业深度，仍然可能挡住很多信仰法治、追求正义的普通人。

如果此书只是在法学专业圈流传就太可惜了，我常写法律时评而不常写论文，深感这些专业思考的深刻和珍贵，也有义务向公众推荐。以下就是我的导读，也包含了若干腹黑和毒舌，请读者一并笑纳。

一、精英的教义学

法教义学，要在法律规定与没有法律规定的空白地带之间建立某种连接，最终实现从有限的法中发展出无限的法，由此填补法律的空白。它的基本立场是解释，而非批判。本书开篇就阐明,这是一本教义学之书。

> 人们对正义的追求,往往寄托于"关乎善良及公平之艺术"的法律,然而历史和现实都昭示,当法律不是良法,或者良法没有被善用时,它也经常会偏离正义。
> 本书不是研究如何制定良法,而是探索如何善用法律,才能不让正义的期待落空。

从德日传来的教义学特别适合我国刑法,因为刑法条文如同白居易的诗一样老妪能懂,以杀人罪为例:"故意杀人的,处死刑、无期徒刑或者十年以上有期徒刑。"但想正确理解和适用,就得解释,得用复杂的理论模式。比如因果关系、客观归责、正犯与共犯、不作为犯等,以解决实践中"我推了他一下,哪知道他好巧不巧血管瘤破裂""看他吃了一把安眠药,我没管就走了""你不杀他,我就去死,你看着办"等匪夷所思的"杀人场景"。

刑法课上讲到这些理论模型的时候,大家都很兴奋。当然这是一种排斥外行的专业共谋,刑法条文谁都能看懂,但学了十年刑法的人才理解其中的微妙和洞天。

车浩老师推崇的是一种精英化的技术,一种精妙的逻辑理性,这也正是此书一以贯之的调调。伏尔泰讨论逻辑的时候说,如果你想要与我交谈,那么请先给你的用语下个定义。这就是逻辑学的本质。要做到这一点很困难,是对思维的极大挑战，但是一旦成功，无论做什么都将事半功倍。车浩解释法律的逻辑水平，体现了专业人士有别于普罗大众的角度和深度，"车神"并非徒有其名。

试举一例，有一个杀人犯，他的手机草稿箱里有一条投案的短信没发出去，他驾车逃跑的路线可能途经派出所，但他在途中就被抓住了。这能不能成立"自首"？如何用"意行同在"原则进行解释？

再举一例，有两个人在试衣间里做爱，还给自己拍了性爱视频，后被他人传播至网上，导致全网围观，这是否属于扰乱公共秩序的行为？试衣间是"公共场所"还是广义的"住宅"？"故意裸露身体"的典型形象是什么？多么有趣，这既是一个法教义学问题，又是一个涉及国家权力边界的问题。

第三个例子，寻衅滋事罪，自流氓罪脱胎而来，那些屡禁不止的上访行为人，是否符合寻衅滋事罪应该打击的"流氓"形象呢？对待语意模糊的"寻衅滋事"，司法人员心目中应该先有一个类型化的行为人形象，这个形象是什么样的？

问题先放在这里，你一定会有自己的思考，也未必和他观点相同。不过车浩根本不怕得罪读者。他悍然指出：

> 非法律人士最喜欢用的一个判断句就是，这种行为"本质上就是……"或者"相当于是……"，但是，这种说法恰恰是罪刑法定原则的死敌。事物之间的联系是普遍存在的，因果链条是可以一直追溯的，相似的东西有千千万，人和狗在"本质上"都是动物。

我看完大笑。读者朋友们，我们都要"努力克制用'本质上就是'或者'相当于是'去解释和适用法律的冲动"。

在本书中可以看到车浩教义学的精妙炫技，他熟练地进行各种解释，甚至在一定程度上填补法律的缺陷。但如果还要追究下去，会有一个未传之秘：在解释过程中，那些"内心确信"都体现为什么呢？是道德，是功利主义，还是权利与权力的角力？立法如果晦暗不明，在那些没有明确法条可直接适用的情况下，教义学是出罪还是入罪？

车浩认为，公正的裁决需要裁决者与当事人的直接经济、政治、道德利益保持距离。同样，教义学也要保持距离。但这种距离多远合适呢？保持距离就会带来中正吗？换言之，在工具理性背后需要什么样的价值观指引？势必会有一些案件存在着价值选择的困难，并不是教义学本身的逻辑能够完全决定的。

这也许就是教义学自身的困境，车浩老师当然明白这个，就像木心说的，"谈到他的缺点时，他便紧紧搂住那缺点——缺点是他的宠物"。而教义学的风格，恰恰就是由他的缺点决定的。

二、保守的教义学

教义学的风格，或者说它有一个坚守的立场，就是不批评法律。车浩老师在文中嘲笑那些"现象立（废）法"，遇到个案或者社会现象，就想修法——"理想主义的善良和天真令人感动，但也是省劲而无用的"。

法科生一进校就被教育要尊重立法，但普遍遵守得不太好。我同学里本科就有敢直接修改法条的，研究生还有起草一部刑事证据法及其立法解释当作毕业论文的；工作之后，有些人要么甩锅给立法——"不是我想这么判，法条就这么写的"，要么呼吁修法，这条不对，那罪太轻……翻翻法学论文，最后落到立法建议的是绝大多数。

其实这也符合普通人的正义本能。如果是良法，一定能实现正义。实现不了，又没有其他猫腻，那一定是立法出了问题。那就改呗，多大点事儿啊。但教义学认为这是大事，尊重现行法是一种基本态度。它的师承可能来自亚里士多德。亚师认为，轻率地改变法律是一种罪恶；假如改变带来的益处很小，不如用一种哲学精神去容忍。对任何法律而言，轻率地以新换旧，一定是一种削弱其最本质核心的手段。

如果教义学用得好，"小破法"也能焕发光彩。不解释到山穷水尽，绝不轻言修法——这是刑法学者的坚持。在诉讼法学界就没这个意识，我们最近正忙着修改《刑事诉讼法》。在诉讼法领域，对策法学和比较法学更为流行，所以我经常感觉，虽然都是研究刑事司法的，但我们用的不是同一种工具。

教义学对于立法的尊重，是一种有所不为——"法律不是嘲笑的对象"。但一个极端很容易发展成另一个极端：就像亚里士多德太担心无秩序而忘记了奴隶制同样可怕，太害怕改变而倾向于一定程度的不改变，刑法学者如果坚守不批评立法，只搞修修补补，教义学真的能形成纵横捭阖的体系，潜移默化地影响立法吗？也许是因为我所在的诉讼法学界"过分"关注刑事司法改革动向及修法热点，在我看来刑法学者过于保守了。

立法者就算道德无瑕，但他们的知识和能力真的靠谱吗？板子为什么只能打在司法上，不能打在立法上呢？似乎坏事的都是司法者，而立法者是不能轻易指摘的。但问题是，我国的立法经常都是政策立法、问题立法，之前的问题不曾解决，新的立法又制造更大的风险，对于这些，刑法学者不是应该尖锐地提出批评意见和改革建议吗？

车浩难得一见的微弱吐槽出现在帮信罪上："制造出如此之多的犯罪人同时，有没有明显遏制住犯罪增长的趋势，这样的立法，究竟是成功还是失败？"我深表赞同，还遗憾他为什么不多说一点。因为即便坚守教义学，也需要有批判、怀疑和想象力，这才是有所不为——"凡是被法定了的罪刑，学者都予以正当化，早晚是要出问题的"。

《金刚经》说："凡所有相，皆是虚妄。"这句话能让人看清很多自我设限。每个学说都有有用性，但也有局限性。无论在教义学方法上如何"运用之妙，存乎一心"，也应该随时准备突破这一层认知，进入更高一层的认知。

三、家长刑法的父亲形象

车浩老师在本书中使用了大量的"家长—子女"关系来比喻刑法与公民的关系，这缘于他一直主张的引导型的刑法家长主义立场。家长主义，又称父爱主义，是指刑法对待公民要像父亲对待孩子那样。此处孩子特指被害人，但被害人有强有弱，有抗拒保护的，也有巨婴款的，这个刑法爸爸不好当。因此，车浩在解释法律时，经常揣度刑法此时怎么想、彼时怎么想、怎么管才恰到好处，一个不管不放心、管多了又不妥的父亲形象跃然纸上。

一般而言，家长要尊重成年子女的自主决定。但涉及生命健康或者公共利益的场合，家长就会进行制止，因此被害人同意的杀人和重伤是不能免责的。而当个人由于一种虚假的、实质上存在瑕疵的自我决定而受到损害，比如被骗，家长就需要施以援手。还有些家长坚决反对但是子女执意为之，结果遭受损害的，家长只能不管了，这表现在刑法上就是，对于"有意识的自我损害"或者自愿参加违反公序良俗甚至违法活动的人，通过一种不予保护的方式，让他们自负其责。比如美色骗财案，一般不会认定为诈骗；欠了赌债、高利贷被暴力追讨的，也不会认定为抢劫罪。

在车浩笔下，家长与子女的关系就应该是子女有足够的理性、审慎和自制，家长也宽容、成熟和有力。不能太严，也不要溺爱。管得太多，会让子女变成巨婴，合格的家长应该让子女有机会去训练自己的决断能力。这一点，倒是和他朋友圈描述的与儿子的互动十分相似。

在"君子报仇，十年不晚"的场合，车浩把父亲形象写得十分生动：事情过去十年了，"法秩序期待行为人选择合乎规范的方式，而非私力复仇去应对"，但是，"他却利用它去谋划更周密的犯罪计划，那么对这种让人失望的决定，若法秩序仍然对之从宽，就相当于变相鼓励了"。唉，这父亲又伤心又失望，仁至义尽了。

在《情人勒索分手费，刑法管不管》一文中，车浩甚至代表刑法爸爸给恋人们提供了相当实用的建议：爱就爱了，别分手；分就分了，别要钱；要就要了，别太多；多就多了，别纠缠；缠就缠了，别勒索；索就索了，要体面。

文中提到了吴秀波案和霍尊案，我也曾就这两个案例写过评论，文章发表之后引出好些人的"我有个朋友"系列。但我的文章主要是在讲如何预防网络敲诈勒索，劝大家千万不要给人设局——"犯罪的因果结束了，人性的因果循环才刚开始"，对情人索要分手费是否构罪、情人是否可以漫天要价以及以公布交往信息相威胁是否构成敲诈手段等没有涉及，事后我觉得这事儿真值得写篇学术论文。

果然，在书中车浩用家长主义的立场完成了关于此事的情感、道德和社会拷问，不仅能满足吃瓜需求，还能为"我有个朋友"系列提供操作指南，请读者们按需自取。

四、从公共到学术

车浩老师在后记中提到，他早年曾经在纸媒参与公共写作，后来回归了专业研究。原因是法律时评终究只是知识快餐和碎片化的阅读，无法进行自由思考和深度写作，不能超出常识边界探索新知。这近似于哈耶克式的担心"公共写作会腐蚀我的思想"。但回归学术，他仍然把此书奉上——既是部门法的学术责任，也是学者的社会责任。

车老师也谈到了法律学者如何发表公共意见——学者最好只谈法律，如果谈事实，应当以司法机关认定为准，否则就会有挟民意裹挟司法之嫌。鉴于他强硬的教义学立场，我猜测他还会进一步补充，学者谈法律也最好别有修法癖。

我对他的这一观点心有戚戚："无论司法现状再怎么令人忧心忡忡，我们还是得努力维护法治的底线。不能一边恨其不争，一边又腐蚀它的根基"——我也曾在评论唐山烧烤店打人案时做出这样的反思，"痛打落水狗是容易的，但我们要做正确但不容易的事，无论落网的人是谁，都应该得到公正的对待"。赵宏老师对此评论说："你们有个共同点，经常在不合时宜之际'标榜'自己是个有原则的人。"

关于他的"不合时宜"，就要提到前文提及的收买被拐妇女罪的刑责问题了。车浩的大部分教义学推演我都很赞同，唯有这个不能接受。教义学能够通过解释对收买被拐妇女的行为人进行数罪并罚，同时追究强奸罪和非法拘禁罪等罪名的刑事责任，完成更高的量刑。但据此认为这是司法问题，不是立法问题，因此不必修法，未免是着相了。

刑法学是要以人性关怀为终极追求的，车老师也许并没有意识到，女性权利意识的觉醒和人格尊严的尊重需求，决定了这个罪名的量刑应当被充分讨论，而不是一句"修法建议不成熟"可以替代的。尽管我们都知道，通过刑罚来解决收买妇女儿童问题不切实际，这是社会工程的范畴，但刑法学家同时也应该是一个社会思想家，刑法到了需要表态的时候了。

以前我们未曾谋面，就这个问题隔空各执一词，但从无诛心之论，两派捍卫的都是最神圣的自由和尊严。关于争论，我相信只有相似的人才会争吵得最激烈，争吵也往往爆发在信仰上最细微的差异之间。

当然，我还有个毒舌的猜测，他的固执可能来自教义学立场——不到山穷水尽绝不修法，也可能来自大男子主义，因为刑法的父权和大男子主义往往是交织在一起的。但用证据法的术语讲，我这个推断只有概率意义，不构成一个可反驳的推定。

五、我们是会思考的苇草

雷蒙·阿隆在《知识分子的鸦片》一书中提到，学者们对于公共议题的贡献有三种方式：一是以技术批判建言献策；二是道德批判，以应然反对实然；三是意识形态或历史批判。车浩选择了技术批判——阿隆批评说技术论者常常受到保守主义的影响，墨守成规。

每一种这样的批判都有其功能和高尚之处，同时又都受到堕落的威胁。技术论者常常受到保守主义的影响：人是长久不变的，共同生活的令人不快的必要性也并没有改变。道德论者在事实上的放弃和口头上的不妥协之间摇摆：否定一切，也就是最终接受一切。在与当前社会或任何社会密不可分的不公正现象和属于伦理判断范畴的个人敲诈勒索行为之间，人们应当如何区分呢？至于意识形态批判，它常常脚踏两只船。对于世界的一半人来说，它是道德论的，尽管它对革命运动采取了一种非常现实主义的宽容。当法庭设在美国时，对罪行的取证从未使人满意过。当镇压落到反革命头上时，它从未被看作是过分的。

如前文所言，车浩老师的教义学是精英的，也是保守的。但保守主义也没什么不好。我的许多朋友都经历了青年时的张扬激情，在中年时逐渐走向保守主义的阵营。车浩在鲜衣怒马的少年时，也曾意气风发地写下："虽然时代在向前走，但是历史告诉我们1984可能比1587更加可怕。"如今他人至中年，选择了教义学作为终生侍奉的志业之后，我们也可以从本书中看到他后来的见自己、见天地、见众生。

读者们可以从本书中看到很多法学学者的段子、精妙的推理和"冒犯"的言论，这也正是我阅读此书的乐趣。如车浩所说，中国的学者大概欠缺的就是不那么虚无的怀疑主义，从法条推演至教义，从教义推演至罪刑法定，到最后，罪刑法定会不会也是人类理性的自负呢？

有了这些思考，我们将不是一朵花、一滴水，我们是会思考的苇草。在宇宙和利维坦中，任何人都是脆弱的。纵使人被毁灭，但仍然要比杀死他的东西更高贵，因为他思考过正义，而杀死他的东西对此要么一无所知，要么充满恐惧。这就是《正义的决疑》为你开启的思考之旅。

容许空气中充满不和谐的声音,是力量的象征

李红勃读《批评官员的尺度》

在美国这个广义的判例法国家,过去两百多年里,法院曾经做出过很多经典判例,这些判例深刻影响了美国法治的发展。比如1803年的马伯里诉麦迪逊案,确立了伟大的违宪审查制度;1954年的布朗诉教育委员会案,宣告了学校种族隔离制度的终结;而1963年的纽约时报公司诉沙利文案,则捍卫了新闻自由,为媒体监督政府提供了法律保障。

美国著名法治记者安东尼·刘易斯的《批评官员的尺度——〈纽约时报〉诉警察局长沙利文案》这本书,对纽约时报公司诉沙利文案进行了精彩的分析,梳理了美国社会争取基本权利的曲折历史,刻画了霍姆斯、布兰代斯、汉德、沃伦、布伦南、布莱克、韦克斯勒等大法官和大律师的生动形象,描绘了一幅司法如何捍卫言论与新闻自由的波澜壮阔的画卷。

一、沙利文案与安东尼·刘易斯

《批评官员的尺度》这本书的内容是以纽约时报公司诉沙利文案为主线展开的,因此有必要先对这个案件的基本情况进行简单介绍。

总部位于纽约的《纽约时报》创办于1851年,绰号"灰色女士",这家报纸的座右铭是"所有适合刊载的新闻"(All the News That's Fit to Print),因报道风格的奔放和勇敢,其成为美国甚至世界范围内影响巨大的新闻媒体,在业内一直被视为全国性的"档案记录报"。

在美国黑人民权运动如火如荼的1960年,《纽约时报》在3月29日刊载了题为"倾听他们高涨的呼声"的整版广告,为民权领袖马丁·路德·金受到阿拉巴马州伪证罪指控的辩护筹集资金,在广告中提了当局一些阻挠民权领袖的行动,但部分内容失实,且涉及蒙哥马利市警察部门。尽管这篇广告并没有对蒙哥马利市警察局长沙利文指名道姓,但是鉴于他的职位,对于警方行动的失实批评可以被认为是对他个人的诽谤。

沙利文认为广告的表述严重失实,要求《纽约时报》收回相关报道,在遭到拒绝后,他选择向法院提起了诉讼。在阿拉巴马法庭的判决中,沙利文获得胜诉,法院判决《纽约时报》应向原告支付赔偿金五十万美元。需要强调的是,在当时,五十万美元绝非一个小数,可能会让《纽约时报》陷入财政困境,甚至破产。

其实,在这个判决之前,来自南部州的针对新闻媒体的多个诽谤案件的赔偿金额已经达到了近三亿美元，一系列赔偿判决产生了明显的寒蝉效应，让很多媒体在报道民权问题上慎之又慎，唯恐惹上诽谤官司。《纽约时报》认为，针对自己的这桩诉讼是要进一步恐吓新闻机构，阻止他们报道南部政府为了继续推行种族隔离而实施的各种非法行为。《纽约时报》不服阿拉巴马法庭的判决，以该判决违宪为由，将案件提交到了联邦最高法院。

在经过了复杂的庭审程序和广泛听取了各方意见之后，1964年3月9日，联邦最高法院推翻了阿拉巴马州的判决，裁定《纽约时报》胜诉。最高法院的判决书指出，在对于政府官员公职行为的诽谤案中，阿拉巴马法院在适用法律时，忽视了对宪法第一修正案和第十四修正案所赋予的言论自由和新闻自由的保障。在长达二十八页的"判决理由"部分，最高法院指出，为了保障新闻自由，政府官员不得仅仅因为新闻报道中有部分失实内容而提出诽谤起诉，除非他们能证明媒体的报道存在"真实恶意"（Actual malice），并且还需证明自己的实际利益因为这一失实内容确实受到了伤害。由布伦南大法官主笔的判决指出："我国曾对一项原则作过深远承诺，那就是：对公共事务的辩论应当不受抑制（Uninhibited）、充满活力（Robust）并广泛公开（Wide-open），它很可能包含了对政府或官员的激烈、刻薄，甚至尖锐的攻击。在此背景下，我们考虑了本案涉及的问题。本案中的那则广告，抗议的是我们所处时代的主要公共议题，它显然有权得到宪法保护。"

该案是美国保障新闻自由的关键判决，联邦最高法院的九位大法官以宪法之名捍卫了媒体批评官员的自由。该案确立了要求官员或公众人物在指控媒体报道涉嫌诽谤或侵害名誉时必须遵循的"真实恶意"原则，以最大程度保护公民和媒体批评政府的权利。在最高法院的大法官们看来，言论和新闻自由对一个健康社会非常重要，就如布莱克大法官所说的："如果没有关于政府官员和公共事务的讨论，我怀疑这个国家到底能否生活在自由之中。"

案子是一个好案子，而当这个案子遇到了一个好记者，就更能在法制史上流芳百世。当"纽约时报公司诉沙利文案"遇到了安东尼·刘易斯，于是成就了《批评官员的尺度》这本法律领域的杰作。

刘易斯是地道的纽约人，出生于曼哈顿，就读于哈佛学院，毕业后就进入了媒体行业。1955年，年仅二十八岁的刘易斯在获得了普利策奖这一美国新闻界的最高奖项之后进入了《纽约时报》，负责报道司法部和最高法院的法治新闻。为了更好地进行法律报道，他于1956年和1957年在哈佛大学法学院学习，掌握了系统的法律知识。

作为一名法治记者，刘易斯开创了报道最高法院新闻的全新风格和模式。在他之前，公共媒体对最高法院判决的报道一般是由不具备专业法律知识的普通记者负责的，他们的报道往往是对法院裁判过程的流水账式记录和对判决结果的简单复述，很少会分析法官在案件中进行了怎样的法律推理，也很少会去揭示具体案件背后复杂的社会背景和历史演进。刘易斯则彻底改变了这一做法，他的报道深入浅出，精彩纷呈，既有宏大的叙事，也有细节性描述，既有对人物精准的刻画，也有对制度深入的分析，他的作品不仅是普通公众了解司法实践的最好读物，也是法学院学生学习法律的辅助教材。

在刘易斯最具代表性的司法报道作品中，《吉迪恩的号角》这本书讲述了1963年吉迪恩诉温赖特案，该案是美国司法史上影响巨大的案例之一，其判决确立了法庭应为贫穷的被告人提供律师辩护的制度，这是保障正当程序和司法公正的核心要素。另外一本就是《批评官员的尺度》。

作为一个新闻人，刘易斯非常热爱媒体这个行业，也很享受记者这份工作，但他对法律似乎更有兴趣，在他看来，法院才是美国自由的基石。"他一生对法官的信心，主导了他在法律方面的思考"，刘易斯认为，司法系统"是我们这个民主社会的终极保障"。基于这一信念，他努力用自己的作品记录了法院如何通过裁判去保护人的尊严，捍卫民主社会。

二、新闻自由何以重要？

众所周知，1787年美国宪法中并没有公民基本权利的内容，因为在当时的立宪者看来，言论、出版、财产、人身自由，这些权利本来就属于每个人生而即有的自然权利，无须赘述。但是，在征求各州意见过程中，民众还是希望宪法能对公民的基本权利进行列举和呈现，于是，麦迪逊提出一项很长的权利法案，作为宪法的修正案，其中有十条得到了各州的批准，成为宪法的一部分，这些修正案被称为《权利法案》。

最重要的权利应该放在最前面，所以，美国宪法第一条修正案规定："国会不得制定有关下列事项的法律：确立国教或禁止信仰自由；剥夺言论自由或出版自由；或剥夺人民和平集会和向政府请愿、抗议的权利。"该条中不得通过立法侵犯言论自由或出版自由的内容，被称为"言论自由条款"或"出版自由条款"，而出版自由的核心也就是新闻自由。

事实上，在殖民地时期，虽然报纸可以自由发表言论，但有可能因宣扬不利于当局的言论而被政府以"诽谤罪"或"煽动罪"提起指控，这样报纸就不敢做尖锐的批评。到了独立战争时期，美国民众为维护自己的权利进行了艰苦卓绝的斗争，新闻自由成为其中一项重要的目标。1776年的《弗吉尼亚权利法案》宣称："新闻自由是一切政治自由的基石，任何一个民主政权都绝不应妨碍这种自由。"1780年的《马萨诸塞宪法》中也规定："新闻自由对于保障一个国家其他自由而言必不可少。在新的联邦政府中，这一自由不容妨害。"人们为新闻自由进行的努力逐步取得了成果，最终在宪法第一修正案得到了全面确立。

在美国社会，新闻自由受到了高度重视，被认为是立法权、行政权、司法权之后的"第四种权力"，媒体在美国民主和法治体系中扮演着关键角色，发挥着不可替代的作用。

"第四权"理论是由联邦最高法院大法官波特·斯图尔特于1974年在耶鲁大学的一场演讲中提出来的。根据这一理论，新闻自由与言论自由存在区别，言论自由的主要功能在于个体的自我表达，从而在人和人之间形成意见或观点的自由交流，而新闻自由则强调媒体在现代民主社会中扮演的独特角色。作为一种制度性的组织，媒体不属于政府，具有独立性和自主性，不仅进行信息沟通，更主要的功能则是监督政府，防止政府滥用权力。

作为新闻自由的规范依据，宪法第一修正案所包含的新闻自由到底是什么意思，该如何解释，新闻自由的边界和尺度何在？美国最高法院两百多年来一直在试图回答这个问题。

关于新闻自由的较早的判例有1931年尼尔诉明尼苏达案。在这一案件中，最高法院除了保护新闻出版不受联邦法律的干涉外，还进一步保护其不受各州法律的干涉。在此之前，人们认为，虽然联邦法律不能对新闻出版进行限制，但各州可以出台地方性法律对新闻媒体进行管控。尼尔诉明尼苏达案这项具有里程碑意义的裁决否定了这一看法，同时还废除了此前施加于媒体的其他各类限制。

三十多年之后，《纽约时报》诉沙利文案判决则在保护新闻自由的路上更进一步。最高法院的裁决指出，官员不能因媒体发表了与公务行为有关的不实言论而要求损害赔偿，除非他能证明有关言词出于"实际恶意"。换言之，针对官员的即使不实的报道，也受到宪法的保护，除非能证明媒体是故意造谣和恶意诽谤。

从法律专业角度看，"'沙利文案'最重要的变革之一，是改变了诽谤诉讼中的举证责任，其次则是引入了'过错'要件。……'沙利文案'判决彻底改造了普通法中的诽谤诉讼程序。从此以后，原告必须证明被告明知所言不实，存在重大过错,或者罔顾真相,明显不负责任"。这项规则给记者的报道活动松绑,其适用范围后来还被扩大到所有公众人物,最大程度保障了媒体的监督自由。

在沙利文案中,最高法院之所以要全力保护新闻自由,不断扩展媒体批评官员的尺度,原因在于这一基本权利对捍卫民主和法治具有重大意义。

一方面,新闻媒体促进了公众知情权的实现,有助于捍卫民主。卢梭提出的人民主权观念,已经成为现代国家论证其主权来源和统治合法性的主流理论,也在各国的宪法中以不同形式得以体现。依据这一理论,国家主权属于人民(主权),人民委托政府进行治理(治权),因此,人民和政府之间存在一个信托关系,政府用着人民的权,花着人民的钱,就需要让人民了解自己的所作所为,尊重和保障民众的知情权。除了主动汇报,比如向议会报告、向社会信息披露外,政府还要尊重和保障新闻自由,通过专业的媒体调查情况、传播信息,让民众可以看到国家管理的各类工作。政府主动的信息供给常常是选择性的,难免存在不客观和不全面的问题,尤其是对政府不利的信息常常被掩盖。在这种情况下,媒体作为"扒粪者"就显得非常重要,它成为公众获取信息的重要途径之一。在美国,无论是"水门事件",还是"关塔那摩监狱事件",如果没有专业媒体的深度调查和信息披露,民众未必能够了解到事件的全部真相。

另一方面,新闻媒体实现了对政府的监督,有助于捍卫法治。在美国的宪法制度下,对于政府的监督,既有来自议会的财政控制、官员弹劾，还有来自法院在个案中的司法审查。但是这还不够，因为这些监督都是体制内的监督，难免存在制度性拖延和官官相护的问题，因此，还需要来自体制外的民间监督，其中最重要的就是媒体的监督。在现代信息社会，人人都可发声，信息无限丰富，但零门槛的发言导致信息泛滥，反倒有可能让真相被掩盖，理性观点被排斥。媒体具有专业性，通过深度调查与专业报道，媒体可以在众声喧哗中提出有价值的信息，引发理性的讨论；媒体具有独立性，它的影响力来自读者而非政府，它不是政府的传声筒，而是要代表和捍卫公共利益。基于这些原因，媒体对政府的监督就显得无可代替，其声音和观点更值得重视。对于媒体的监督，官员应抱有宽广的胸怀，表现出更大的包容。

最高法院在沙利文一案的判决中指出，在美国，"参与公共讨论是一项政治义务"，"公民履行批评官员的职责，如同官员恪尽管理社会之责"。因此，除非媒体蓄意造假或罔顾真相，官员不得提起诽谤诉讼。在此后的相关案例中，沙利文案所确立的规则被反复适用，成为法院捍卫言论和新闻自由的有力武器。通过类似案例，法院向美国社会传达了一个清晰的理念：尽管新闻媒体的有些报道可能不一定完全符合真相，可能会导致公务人员不适，或者存在政治不正确问题，但是，在宪法第一修正案的价值体系中，讨论公共事务的自由位于最高位阶，应受到特别保护。

"容许新闻报道存在犯错的空间，对新闻界是一种莫大激励。"沙利文以及后续相关判例，为媒体创造了一个自由的空间，催生了一个政府之外生机勃勃的媒体生态。通过媒体的有效监督，既提高了政府治理的水平，也提升了公众参与的质量，推动了社会进步，从而用生动的实践证明了这个道理："容许空气中充满不和谐的声音，不是软弱的表现，而是力量的象征。"

当然，在"9·11"事件和"斯诺登"事件之后，随着国家安全成为一个不断被提及的概念，美国新闻自由的环境也在发生着深刻变化，二十一世纪的美国，已经与沙利文案发生的1964年有所不同。在沙利文案判决出台的时候，人们曾经兴奋地说道："这是值得当街起舞的时刻。"而今，在不断强调国家安全和国家优先的美国，情况正在发生变化，媒体所面临的境况，也许正如法学家理查德·爱泼斯坦所感叹的那样："一个时代过去了，舞已结束。"

三、谁来捍卫宪法权威？

在联邦制的美国，最高法院审理的很多案例，包括沙利文案在内，都是宪法性案件。在这些案件的审理中，法院讨论的核心问题就是：有关州或者联邦部门出台的法律或做出的决定，是否违背了美国宪法？

按照美国建国者的设想和后续政治家的承诺，在他们这个国家，宪法具有最高法律地位和最高法律效力，所有人都必须服从和尊重宪法，即"总统在万人之上，但在宪法之下"。但是，宪法是抽象甚至僵化的条文，在某一个具体案件中，宪法条文到底表达了什么意思，在对宪法条文的多种理解和解释中,谁的解释才是权威和可信的呢?

这是一个涉及宪法适用和违宪审查的重大问题,它直接关系到宪法在政治生活中能否得到有效实施,从而关系到公民的自由和国家的长治久安。

在美国1787年的宪法中,并没有规定宪法条文由谁来解释、违宪行为由谁来认定和追究。这个问题最终是由最高法院的一个判例解决的,这就是发生在1803年的著名的马伯里诉麦迪逊案。在这个涉及联邦党与共和党利益之争的本不光彩的案件中,首席大法官约翰·马歇尔在其主笔的判决意见中,裁定1789年美国国会通过的《司法条例》相关条款因违宪而无效,这是美国最高法院历史上第一次宣布联邦法律违宪,从而确立了这样一种制度:最高法院拥有对宪法的解释权,可以对立法机关出台的法律和行政机关做出的决定进行合宪性审查,并宣布其违宪。自此以后,司法权终于实现了对立法权和行政权的有效制衡,使得美国三权分立的宪法体制得以完全建立。

在沙利文案件中,最高法院争议的核心就是宪法第一修正案该如何理解,第一修正案非常简洁的表述到底传达了什么意思?在这个问题上,人人都可以发表意见,人人都可以有自己的理解,但是,唯有最高法院对宪法的解释才是权威的,在各种声音中,只有最高法院的观点才可以一锤定音。简单一句话,在美国,宪法最大,而宪法是什么意思,最高法院说了算。

法律是沉默的法官,而法官是会说话的法律。美国发展出了一种比较独特的违宪审查模式，让联邦最高法院行使宪法解释权和违宪审查权，人民把宪法交到最高法院的手里，而这九位大法官受人民托付，替人民捍卫着宪法。

在沙利文一案中，联邦最高法院的大法官们正是基于上述权力，对宪法第一修正案进行了解释，并据此宣布州法院依据的相关法律违宪。在由布伦南大法官主笔的判决意见中，他重申了媒体拥有批评官员的权利，并对其边界进行了扩展：媒体在"对错误陈述信以为真"的前提下发布不实之词，应豁免于诽谤诉讼。判决中的很多表达被人们反复引用，流传甚广，尤其这一句："对公共事务的讨论应当不受抑制、充满活力并广泛公开，它很可能包含了对政府或官员的激烈、刻薄，甚至尖锐的攻击。"

在美国的法律体制中，联邦最高法院的九位大法官，就像高高在上的"王侯"，他们垄断了对宪法的最终解释权，可以以宪法的名义，支持某种观点，或者反对某种观点，不管这种观点来自手握行政权和军事权的总统，还是来自代表了多数人意见的议会。

可以说，联邦最高法院的宪法解释权和违宪审查权，成为民主社会里一个独特的机制，即少数人反对多数人的机制。在美国，总统是选举的，议会也是选举的，无论是总统还是议员，想要当选，必须讨好大多数，而当选之后，为了得到支持，也必须站在多数人这边，维护多数人的利益。但是，多数并不一定正确，有可能出现托克维尔在《论美国的民主》中提到的"多数人的暴政"。因此，为了避免多数人犯错甚至疯狂，联邦最高法院的法官拥有了否决权，可以对总统或议会代表多数人做出的决定说"No"，并以宪法的名义宣布其违宪，从而避免国家陷入困境甚至出现政治灾难。在过去两百多年的历史上，联邦最高法院一共判定大约一百五十项国会立法违宪，州立法违宪那就更多了。

与美国模式不同，欧洲发展出了另一种违宪审查模式。具体来说，在美国，宪法问题是由普通法院负责审理的，欧洲则建立了专门的违宪审查机关——宪法法院，这个法院不处理民事和刑事案件，只负责审理与宪法有关的案件。提出这一设想并将其付诸实施的是奥地利法学家凯尔森，后来这一做法得到了很多国家的效仿。

欧洲很多国家都有宪法法院，其中最值得称道的是德国联邦宪法法院。德国经历了第三帝国的悲剧，对极权和独裁的可怕后果印象深刻。为了避免类似灾难再现，他们于1951年在南部城市卡尔斯鲁厄设立了宪法法院，委托它来监督议会和行政机关，捍卫宪法的绝对权威。作为宪法的守卫者，联邦宪法法院既是一个机构，也是一种象征：它表明德意志联邦共和国一切权力均须在宪法之下运行，均须维护人的权利和尊严。德国宪法法院的十六位法官经选举产生，他们身穿仿照中世纪佛罗伦萨法官袍服风格设计的猩红色长袍，守护着《德意志联邦共和国基本法》。任何公民，认为国家机关的立法或命令侵害了自己宪法上的基本权利，均可向该法院提出诉讼，由其对国家机关的行为是否合宪做出裁决。在1951年至2020年期间，共有二十多万项宪法诉愿被提交到宪法法院,其中的五千多项成功获得了法院的支持。

美国的普通法院审查也罢,欧洲的专门法院审查也罢,其目的都在于维护宪法权威,保护公民人权。在纽约时报公司诉沙利文案等案件中,大法官们从宪法的文字出发,探索立宪者的意图,结合社会发展,对宪法进行了准确解释,赋予宪法条文以新的时代内涵,从而让僵化的条文成了"活的宪法",让沉默的宪法成为共和国里真正的"国王"。

浪子回头可以被救赎，但难逃罪与罚

陈碧看《周处除三害》

如电影海报所言，"干一票大的"，《周处除三害》确实干了票大的。它与众不同的犯罪叙事、拳拳见血的暴力、对肉体痛苦的极致渲染、对精神控制的妖魔刻画，再加上充斥全片的对人性淡漠、失望乃至厌恶的情绪，无一不酝酿着汹涌的暗黑能量，以暴制暴几乎贯穿始终。你可以说它是一部爽片，因为人们喜欢私刑复仇，喜欢侠客行，"十步杀一人，千里不留行"。人们也喜欢浪子回头，喜欢《世说新语》里的恶人周处最后改邪归正，就像电影里的陈桂林杀死了比他更坏的恶人，他的生命似乎有了价值。

但它绝不止于一部爽片。电影的结尾，罕见地呈现了一场死刑的执行。他对骗他的医生说："幸好我上了你的当。"刮胡子的时候，他的睫毛在颤抖，眼泪无声地流淌。当他望向镜子的时候，那是一张对生命无限眷恋的脸。开枪之前，他对着镜头，也就是对着打破了第四堵墙的观众们真诚地一笑，然后闭上了眼睛。

也许这才是那"一票大的"。人性的最无奈也最光辉之处，就是永远存在可能，善行之下，也许有败坏；恶念之后，也许有醒悟。即便是犯下死罪，诸如谋杀、强奸的人，他们依然可能拥有譬如勇敢、慷慨、助人的品德。在审判到来之前，他们如何获得救赎？如何在善恶的交锋里审视自我，真正理解自己的行为？罪与罚，才是这个故事的谜底，也是人类永恒的主题。

一、死刑故事的两面性

陈桂林的死刑判决书可能是这样的：被告人陈桂林，身份证号A125783729，参加黑社会性质组织，持手榴弹行凶抢劫并致一人死亡，后又持枪致一人死亡，其行为构成故意杀人罪。负案潜逃期间，绑架幼童，其行为构成绑架罪；后持枪行凶，致"香港仔"等四人死亡，其行为构成故意杀人罪。此后，又至澎湖灵修中心行凶，持枪致灵修尊者"牛头"及无辜信众二十余人死亡，其行为构成故意杀人罪。被告人的罪行极其严重、犯罪手段残忍、犯罪后果严重，主观恶性极大，根据罪责刑相适应原则，应当依法判处其死刑立即执行。

看完这样的判决书，陈桂林可谓血债累累，这样的死刑犯死就死了，不会有任何价值。但故事还有另一面——一个杀人犯的救赎之路。他是一个想要扬名立万的黑道少年，因仇杀跑路。潜逃四年，奶奶去世。此时他得知自己身患"绝症"，又看到自己只排在通缉榜第三位，决定要在临死前

"干票大的"，好让所有人记住自己。这是个幼稚的决定，但他格外认真，甚至绑架了救命医生的儿子以换取两大恶人的行踪消息。结果在除恶路上，他的心态慢慢发生了变化。

他杀掉"香港仔"，救下了小美，还给了小美自由。在澎湖的灵修中心，他杀掉了邪教尊者并让愿意离开的离开。剩下的人，他认为完全不值得拯救，就抬抬手，几乎是用一种冷漠到轻蔑的态度在开枪，信众像动物一般死去。最后他选择去投案自首领受死刑。

从开始杀人到最后决定赎罪，他的眼神一直在变化，从一开始的无知中二到潜逃追凶期间的痛苦、惊惶、恐惧、残忍甚至冷漠，再到片尾的温暖、清澈、留恋，他在真诚地赎罪，真诚地在行刑前说那句："我对不起大家。"

判决书上是看不到这些的，只有在电影故事里，我们能看到人性的觉醒以及自我裁决的重要。善与恶、对与错，乃至被害人和凶手的身份都并非一成不变，而且往往能够并存。陈桂林是不是一个恶人？是的，他杀人不眨眼。但他为什么要惩恶扬善？为什么要搭救一朵行将枯萎的小花——程小美呢？又为什么要在灵修中心站出来揭穿真相，告诉那个绝望的妈妈"你快走啊，你带着孩子走啊"？如果答案仅仅止于"人之将死，其行也善"的话，就没法理解人性本身的复杂和汹涌。总是在这种时候，让你相信那句话：人性向善。在所有人的内心深处，都埋藏着善的种子；甚至在每一个恶人身上，都捆绑着一个想要挣扎出来的好人。

这是一个救赎故事，也是一个死刑犯的故事。在报应思想看来，死刑判决是恰当的。但从犯罪预防上说，被告人产生了赎罪意识并承诺坚持更为重要。"罚"并非强加而是内在产生，才能真正起到对"罪"的预防效果。换句话说，人性的恶，仅仅依赖于刑法制裁是不够的，更需要灵魂救赎。

如果罪犯只是口头认罪换取从宽，内心不悔罪，他要么觉得自己只是运气不好，要么觉得自己还可以"干票大的"，那么潜在的社会风险没有消除。所以除了法律意义上的惩罚之外，更应去追求心灵上的救赎。这种救赎，源于杀人者首先要认识到自己是有罪的，然后才可能去忏悔，并承诺用余生去赎罪。这也正是主张犯罪预防的功利主义者不支持死刑的原因，因为死刑，恰恰剥夺了他人赎罪的权利。这一点我们将在后文谈到。

二、私刑与死刑

影片探讨了私刑与死刑。镜头语言几乎直给了这个结论：私刑是野蛮的，死刑是文明的。全片大部分暴力镜头都呈现了以暴制暴的行刑式枪决场面，尤其有的暴力还冠以"除恶"的名义。唯一文明的处决方式出现在片尾，死刑的执行。"请核对身份。""请问你还有什么遗言吗？""请问需要麻醉吗？"如果说冲击力的话，死刑执行的冲击力丝毫不逊于除恶过程中人和人之间的斗狠好勇。当法律在处决陈桂林、剥夺他生命的时候，是把他当作人；而最关键之处在于，此刻他也获得了救赎，回归了人性。但是那些私刑场面，爽的感觉也许来自我们的野蛮一面，人不再是人，而是一个个无足轻重、可以被轻轻抹去的符号。

没有人愿意被当成肉类一样处置，或者只是增添的数字"又杀了一个"——就像电影里灵修堂的屠杀呈现的那样，血淋淋的轻飘飘的。私刑带来快感，但这快感就像服毒一样，最后侵蚀的是行刑者的灵魂。换句话说，执行私刑，即便以正义的名义，即便你认为这些人不值得拯救，你就有权处置他人的生命吗？陀思妥耶夫斯基的回答是"你没有"，没有人有权擅自处置他人生命。因此，这就是罪，不论以什么名义剥夺他人生命。在文明的社会里，唯有死刑具有正当性。因此，电影在片尾实现了反转，以文明的方式行刑。

死刑的第一正当性来源于报应思想，人要对自己的行为负责。以陈桂林为例，他为什么该受领死刑？因为报应。我们从小就听到"善有善报，恶有恶报"的劝善教育，但在日常生活中经常落空，不得不用"不是不报，时候未到"来安慰自己。报应思想的最佳实践场所在哪里呢？在刑法里，尤其是在死刑判决里。这种思想至少可以追溯到同态复仇：以眼还眼，以牙还牙，以命抵命。所以，死刑本身确实能够体现复仇的快感，也被犯罪学者比喻为现代人集体杀戮欲的体现。

死刑的第二正当性来源于功利主义。在这种思想下，死刑作为一种不得已的恶，除非能够证明施加这种恶的结果可能会好于不施加的结果，否则就不能被认为是合理的。因此，当我们说"做错事是要付出代价的"，功利主义算账是算未来的账。具体到某一个人身上，比如陈桂林，在报应论看来他的死刑恰如其分，因为他过去做的事需要负责；在预防论看来，也许死缓加限制减刑也足以起到预防犯罪的效果，因为他活着也丧失了继续犯罪的可能，同时他服刑本身以及他的真心悔罪也是对潜在犯罪的一种震慑。换句话说，惩罚不该剥夺人们改过自新的机会，只需要改变犯罪者未来的行为模式就足够了。

那么，执行死刑是正当的吗？现实生活中，我们面对不同的死刑案件，经常会按照偏好选择报应论或者预防论。实际上没有一种理论能够完美解释死刑的正当性，每种解释都有遗憾和缺失。尤其在行为主义兴起之后，我们一方面强调人有意志自由——"路怎么走，你自己选"，一方面又发现个人选择可能并不是完全自由的，至少有一些要受家庭和社会的影响，我们不能对自己的行为负全部责任。这种矛盾动摇了死刑的正当性，也令法庭无法保持一贯的冷峻。这里我并不是说暴力犯罪或者陈桂林这样的人应当被原谅，而是说，需要在一个人性化的框架内做出死刑的判决。否则，我们杀掉他，跟他杀掉那些弱鸡一样，又有什么区别呢？

回到电影《周处除三害》，我们讨论罪与罚，讨论救赎，其实就是要回答社会应如何对待那些有罪的人，这正是司法伦理的核心内容。一个社会对自己的公民使用暴力的时候，背后有什么样的道德考虑，这些道德上的考虑是否充分合理，体现了文明的程度。

三、救赎之路

看《周处除三害》的时候，联想到最近被执行死刑的几个死刑犯。有人说如释重负,有人说大快人心,也有人说五味杂陈。因此,电影对于犯罪和死刑的刻画恰逢其时,让我们对于罪与罚的话题有了更明确的指向。在电影里,我们觉得应该对人性的良善抱有期望。但是回到手上的凶杀案卷,比如吴谢宇或者劳荣枝,又会隔空冷笑:农夫同情蛇,谁来同情农夫呢?

一个都不能原谅?抑或是我们没有资格原谅?那么做错事的人或者那些手上沾满鲜血的罪人,他们应当如何获得救赎呢?他们该向谁求得原谅呢?陀思妥耶夫斯基的小说《罪与罚》是从一起杀人行凶开始的,以救赎和复活结束。小说里每个人的内心都有深渊,人人都在艰难抉择,在善恶之间备受煎熬。黑暗中,唯有爱是一切的救赎。《周处除三害》中也有同样的设定,柔弱的程小美就是陈桂林最后的救赎,他杀死"香港仔"之后,冒险回来救下小美。当他听到小美妈妈的一生就是从一个男人的奴隶变成另一个男人的奴隶之后,把车留给了小美,"你现在自由了"。而他们用刮胡子相识,又用刮胡子告别,这个世界还有爱他的人,他的人性部分就复活了。也只有因为这种心态的变化,他才能真诚悔罪,诚实地面对惩罚。

这种美好和转变可能会因为太单薄而被嘲笑,就像大家也嘲笑美剧《冰血暴》第五季的结尾。多萝西对食罪者说:"他们让我们吞下这些罪恶,好像这是我们的错。但你想知道治疗方法吗?""你必须吃一些充满喜悦和爱的东西,"她举起一块饼干说,"然后被原谅。"它的主题同样是,只有爱能够救赎一切罪恶。而在我们愤世嫉俗的话语里，这种升华被视为圣母心，爱既虚弱又无力，能够拯救什么？人性固然软弱，又经不起诱惑。但即便有成千上万次黑暗法则的灵验，只要有一次人性的超越，有一次人性的光辉，那就足以发出耀眼的光芒，人就值得被拯救。所以，罗新老师评点说，人性有超越的一面，因而也就有足够的潜力。所以，我们还是应该去相信啊。

虽然《周处除三害》是一部充斥着暴力、伤害和死亡的电影，但把它们升华为文明和价值的，赋予它们意义的，是故事的另一面。看电影的时候，也许你发现自己对于死亡是漠视的，对于暴力是天然亲近的，你是在故事里享受着杀戮快感的，确实如此，因为万物都注定趋于混乱的熵增。但是，生命的意义就在于具有抵抗自身熵增的能力。去爱，去相信，这就是本片给人希望的地方。

全然交出自己会有痛苦，爱得更多的更珍贵也更有勇气

赵宏读《斯普特尼克恋人》《爱情评论》

每当有人听说我是村上春树的超级粉丝时，都会脱口而出："那你一定很喜欢《挪威的森林》吧？"其实我知道他的脑子里此刻一定同时在想，没想到平日义正词严讲着宪法和行政法的女老师居然是个恋爱脑。

的确，《挪威的森林》可说是村上大叔迄今最畅销的作品，正因为畅销，还给大叔带来了无尽的烦恼。除了不堪其扰的节目邀约和粉丝围堵，大概最令大叔感到焦躁困惑的，是大众轻易就为其贴上了恋爱小说作家的标签，而不再深究其作品的文学性。所以我无数次为大叔正名：他是一位严肃作家，写的是严肃作品，畅销也绝不能贬低他的文学性。但解释的次数多了反而激发了逆反心理，写恋爱又怎么了？难道爱情小说和经典小说就是互斥的吗？

《挪威的森林》的成功引发的最大问题还不在于大众的轻易归类，而在于大叔此后的作品鲜少再被人如此热烈地讨论。作为堪称文学界劳模的村上而言，爱情小说其实在其作

品中占据不多的分量,在这当中我最喜欢的也不是《挪威的森林》,而是另一部较为小众的《斯普特尼克恋人》。"斯普特尼克"是二十世纪五十年代苏联发射的第一颗人造卫星的名称,意为"陪伴""伴随"。大叔以"陪伴"为作品命名,却写了爱情最孤独的本质。

在小说中,村上罕见地写了一个同性恋堇。作为在大学期间就立志写出凯鲁亚克式小说的女孩,堇显得偏执、冷峻又放荡不羁。她深深地令小说的讲述者"我"着迷,但深知堇仅爱同性的"我"却只能将这份痴迷埋在心底,并借由和其他女性的床笫之欢,幻想自己拥在怀中的是堇。这段暗恋最终还是伴随堇爱上了同为女性的敏宣告终结,但堇和敏的恋爱并不顺利。对敏怀着"犹如以排山倒海之势掠过无边草原的龙卷风一般迅猛"爱恋的堇,甚至放弃了自己的文学梦,换上了职业套装只为能得到敏,"一往情深,以至前后左右都无法分清"。遗憾的是,那个曾作为天才钢琴少女长大的敏,却在残酷的训练和竞赛,在"尽最大努力让自己成为强者"的过程中失去了广博的温情,也失去了爱人的能力。她无法爱上任何人,当然也无法与堇结合,于是和敏一起去希腊小岛旅行的堇就像烟一样消失了。

小说后半段都是在写"我"和敏在希腊小岛上徒劳地寻找堇,在寻找的过程中再度明白,"我们尽管是再合适不过的旅伴,但归根结底仍不过是描绘各自轨迹的两个孤独的金属块儿。远看如流星一般美丽,而实际上我们不外乎是被幽禁在里面的、哪里也去不了的囚徒"。就像被带上斯普特尼克火箭飞向太空的小狗莱卡,我们在畅通无阻的宇宙中偶然相遇、失之交臂、永离永别,无交流的话语,无相期的承诺。

村上大叔在这本小说里首先尝试跟自己此前作为武器使用的文笔和修辞来个清仓式的告别,所谓"大清仓"就是将此前喜欢的比喻尽情尽兴地用个够,例如小说开篇就写:

> 那是一场犹如以排山倒海之势掠过无边草原的龙卷风一般迅猛的恋情。它片甲不留地摧毁路上一切障碍,又将其接二连三卷上高空,不由分说地撕得粉碎,打得体无完肤。继而势头丝毫不减地吹过汪洋大海,毫不留情地刮倒吴哥窟,烧毁有一群群可怜的老虎的印度森林,随即化为波斯沙漠的沙尘暴,将富有异国情调的城堡都市整个埋进沙地。

我喜欢这段描写,就像喜欢《挪威的森林》中渡边向绿子说的那句,"春天的原野里,你一个人正走着,对面走来一只可爱的小熊,浑身的毛活像天鹅绒,眼睛圆鼓鼓的。它这么对你说道:'你好,小姐,和我一块儿打滚好么?'接着,你就和小熊抱在一起,顺着长满三叶草的山坡咕噜咕噜滚下去,整整玩了一大天。你说棒不棒?"

这本小说写的是恋爱的孤独,那种爱而不得的孤独。尽管小说的最后,"我"梦到消失的堇打电话来说,"我的的确确需要你,你是我自己,我是你本身。来这儿接我",但依旧觉得彻骨的孤独。

在《斯普特尼克恋人》之后，我很少为爱情小说感动，直到看见沈艺尚未出版的《爱情评论》。还记得我鼓动沈艺在"法律圆桌"公众号上连载这篇小说，是因为看了路内的《关于告别的一切》。那本书好像获得评论家不少赞誉，但在我看来无非就是一个男人从一张床爬上另一张床，时间跨度从十五岁写到五十岁，除了完成自我的逻辑闭环，倨傲的男性视角没带给我任何爱的滋养甚至想象。两相对比，更觉得沈艺有发表《爱情评论》以振小说江湖的必要。

就我的阅读体验而言，爱情小说其实并不好写。村上大叔说，爱情几乎是文学的定番，但占比多少因人而异。对于中学时就已被琼瑶、三毛甚至席绢那种几近泛滥的爱洗礼过的我这代人而言，再看爱情占比太高的作品，当然会非常挑剔。

好的爱情小说，几个元素在我看来必不可少：

首先，男女主的人设要讨喜。我承认在这点上我不太认同沈艺。她笔下的肖震莽撞、滥情又有点浅薄，他好像根本无法体察秋实幽微的感情变化，从始至终表现得都像只随时宣示主权的雄狮。沈艺说我是瞧不起肖震作为打印店老板的身份，最后几章还努力把他的事业拔高了一点。即便他的打印店上了市，我依旧不太认同他身上的市井气。可秋实我是喜欢甚至是疼惜的，疼惜到后几章，我已迫不及待地盼望她早点摆脱这段虐恋。如此通透美好的人为什么要一再吃爱情的苦，我感慨她，也感慨身边很多优秀的女性朋友。

其次，故事走向要不拘一格又要合乎情理，尽管爱情这件事最没道理可讲。我和沈艺曾探讨过，为什么哥大毕业在

CBD工作的秋实会爱上一个没上过大学的打印店老板。这也是读这本小说时，一直困扰我这个重度智性恋患者的疑问。但当他们的爱情故事线在穿插闪回中逐渐完整时，我似乎也明白了爱缘何而生、缘何而起。他像个古惑仔一样在跑路时捯她去了天津，在她母亲生病时不计亲疏地忙前忙后，甚至在小说的最后还为她打了一架。他和秋实在CBD工作的精英都不一样，他鲁莽甚至粗鄙，却保留了男性在进入爱时的那种纯真和仗义。这种仗义当然掺杂着旺盛的雄性荷尔蒙和浅白的占有欲，却曾打动过初恋时的我们，也打动了CBD精英秋实。最关键的，他还许诺未来，尽管绝不是真的，但恋爱中甜度最高的部分不就是他已经把你放在了他的未来里吗？

最后，除了人设和故事，爱情小说最核心的还有氛围感。回想我读过多次的爱情小说，让我一再想在周日下午重新翻看它们的原因，都是小说里的氛围感，这种氛围感会带来无尽的回甘。这种氛围感可能是某个细节，例如《挪威的森林》里渡边和直子在东京街头踩着秋叶散的长长的步，以及直子望向渡边时几近透明空洞的双眸；可能是某段台词，比如《斯普特尼克恋人》里堇对敏表白时说的那句，"如果我对你怀抱的不是情欲，那么我血管里流淌的就是番茄汁"；甚至是别致的性爱描写，这个也无法被轻看。日本电视台曾做过一次读者调查，主题是为什么《挪威的森林》会成为最畅销的爱情小说，很多人的回答居然都是看了这本小说，就很想跟爱的人做爱。也因为有珠玉在前，读者对村上大叔晚年的小说不满的原因之一，竟也是性爱描写程式化。

这些营造氛围感的元素在《爱情评论》里都有，此外还有不少金句。很多人追更的原因大概跟我一样，期待秋实在爱欲里翻腾出那些金句，比如"所有的快乐都暗含危机，尤其是那些失控的快乐，它们终将索取代价"，"也许性比爱更可靠，毕竟，性是真实的，抓得住的；而爱呢，爱到最后，难免欺骗"；"时间培养感情，习惯也是毒瘾，一个人与另外一个人发生了交集，投入了意志，千丝万缕的琐事串在一起，解不开甩不掉"，还有文末最后那句，"希腊人说，你绝无可能置你的足于同样的河中两次。只有爱情可以"。

我们期待从金句里读到更多爱情指南，从别人的爱情挫败中领受基本的情感教训，仿佛有了这些加持，下次就可以在爱里居于高位，免于受伤，但这并无可能。该受的苦永远逃不掉，就像秋实从上一段背叛中挣脱，迎面撞上的下一段依旧以痛苦、疲惫和背叛收场。这到底是因为我们根本就缺乏与深爱相匹配的智慧，还是在爱里就是要历经人性最幽暗的部分？如果爱释放多少光明就释放多少幽暗，我们还要爱吗？

最初看这本小说时，我的直觉是作者写了一个从下一段爱里认识上一段爱，进而跨越上一段爱的故事，秋实在和肖震的纠缠中，一遍遍复盘的其实是她和南华的感情挫败。因为人在当下很难看清自己，骄傲和自尊让我们在面对背叛时选择迅速转身，躲避伤害，而绝不会待在原地冷静地检视自己和检视这段关系。而在决绝转身后，又一定会被巨大的自我否定所吞噬，所以真的要等到进入下一段关系时，才有机会去回望和总结。可讽刺的是，秋实和南华的爱因他者的介入而崩塌，但秋实在下一段关系中，转身又成了肖震和朱安感情里的他者。在此，秋实仿佛就是她自己上一段关系的破坏者，她通过和肖震的虐恋，认清了和南华的感情如何走向破败，也终结了自己在上一段关系里残存的盼望。始终蒙在鼓里的朱安又何尝不是曾经的那个秋实，所区别的无非是等待老公归家时一个刷的美剧，而另一个刷的是韩剧。

但作者沈艺说，她并没这么想，秋实在和肖震恋爱时对于南华的爱情闪回，只是文学创作的一种手法，其目的是让小说的叙事在空间和时间上有交叠和错落之感。但她也承认，朱安的确是秋实的另一面，是那个曾被爱圈养在家里的秋实，所以她们最终都经历了同样的人生抛物线，也因为都从圈养中挣脱，而有了一样的生命领悟和人物弧光。

小说里因为两人痴缠得太久，以致在肖震草草结婚又回来找秋实时，连我们公众号的小编都说，这个男的实在太渣了，怎么还没分手！怎么还要跟他一起创业？我一边被逗得哈哈大笑，另一边也在想，陷入爱里谁又能表现得更好呢？所以李宗盛大概是对的，爱情到底就是精神鸦片，爱恨情欲里的疑点、盲点，即使呼之欲出那么明显，可总有人去捡。沈艺在小说的开头也写，女人聚在一起，话题总是聊到男人，不管她们多大年纪。但作为女性，我们能够挣脱吗？我们需要挣脱吗？这些问题其实也跟前面的问题相关，既然爱那么痛，我们还要爱吗？

现在的影视剧在塑造大女主时，基本都会将她们与爱隔绝，似乎女性只要陷入爱就是陈腐低智的表现。现代女性要有光环,就一定要戒掉对感情的依赖,对男性的依赖。不仅要一门心思搞事业,最好还能跟男性一样游戏人间,所谓"像男性那么活着"。所以章子怡在离婚后人气不降反涨,连带她再踏上戛纳红毯都被盛赞是"熹妃回宫"。智者不入爱河,人格独立就要隔绝爱。如果当下还有女性说,她期待恋爱甚至享受为爱付出,恐怕会被讥讽为深受父权制下"浪漫爱"的叙事荼毒。我时常想,这种过激反应是不是走向浪漫爱的另一端?相比章子怡,我更欣赏一生谈了很多场恋爱,且从每一段爱里都获得艺术滋养的阿格里奇。她好像从没把爱和自己的事业追求对立,爱自然而然地发生,全情全心地投入,即使痛苦地结束,也总会变成下一次触键时的灵感。

秋实最后看塔罗牌的时候,女巫告诉她,"你爱过的一些人,其实你都没有真正爱过,你爱的是你自己。你也许不能理解,但你眼睛里没有他们,你只是借着他们在爱你自己"。连作者沈艺也评价说,秋实在爱里没有交出自己。但这个结论我作为读者不太同意,在两段爱里,秋实都认认真真地爱过,即便都受到伤害,即使最终都没获得安稳的结局。但她不也还是在爱里认清了自己,修正了自己?所以,相比在爱里的自我成长,所谓的安稳结局和 Happy Ending 真的更令人向往吗?

谈到爱时,一个朋友总会谈及柏拉图关于爱的理论。在柏拉图看来,人分为彼岸和此岸。在彼岸每个人都是完整的,可到了此岸,我们都分裂为二,所以我们总会觉得有缺失,也总在找回自己的另一半,因为唯有找到,才能获得最终的完整。也因为这个故事，我们的一生都被驱使去寻找那个唯一的 Soulmate，但也在寻找未果后一次次地失望。但换个角度，也许我们的确会有缺失，但能够弥补这种缺失的仍旧是我们自己，所以恋爱也许只是一种媒介，我们交出全部的自己，也在和他人的冲撞中识别了自己的缺失，进而去弥补缺失。《圣经》里说，"爱是常觉亏欠"，或许这里的亏欠并不是针对爱人，只是针对自己。全然交出自己会有痛苦，与他人冲撞更会痛苦，但恋爱仍旧值得去谈，也值得用"恋爱脑"All in 地去谈。只是我们需要觉知，最终能带来自身成长的仍旧是自己，能从泥沼中把自己拉起来的也还是自己。如果爱情注定是场风暴，勇气和觉知就会是罗盘，带着罗盘穿过风暴，我们也一定会遇到更好的自己。

还有个问题是，我们需要像男性那么活着吗？轻贱爱就是更高级的人生选择吗？我身边的确有不少女性友人像被开示了一般宣告自己再不需要爱。坦白讲，面对她们，我也会觉得再说自己还憧憬爱，甚至还为爱烦恼的确有点羞耻。与我们相熟的一个律师还说，既然知道爱终究都会逝去，干吗还要轻易开始，有这个工夫投身法治搞搞事业不香吗？

尽管伴随年龄增长，爱能带来的边际效应似乎已在递减，可至少现在我仍旧觉得爱是生活的必需品。我们或许不需要给爱赋予太多的光环，就好比能让你认清自己进而修正自己的媒介也不一定就是爱，但爱的确是同时包裹了甘甜和痛苦的礼物，它带来的内心激荡以及由此拓展的人生广度大概也非阅读、旅行、工作，甚至交友所能替代。所以，石黑一雄写《莫失莫忘》里的克隆人，他们证明自己能和人类一样，所以不需要被"终结"的方式，也是找到了爱。认识到这点，女性大概也不必再为自己在爱里投入了太多的时间，浪费了太多的精力而羞耻，或许爱就是上苍赋予女性的武器，因为相比单纯的接受爱甚至轻贱爱，那个能给予爱的，爱得更多的往往更珍贵也更有勇气。

前两天一个学心理学的朋友说，如果得到了不该得到的，往往会失去不想失去的；反之，失去了不该失去的，会得到原本不能得到的。总之，人生的容错空间很大，任何时候都不用担心陷入万劫不复。认识到这点，我们再爱时是不是可以更勇敢一点、更大胆一点呢？

小说的最后，秋实和朱安都重新出发，开始了寻找自己的英雄之旅。尽管莫名地有点悲壮，但仍旧觉得这是最好的结局。也许朱安还会栽跟头，毕竟她在关系结束后还会心有不甘地觉得自己分到得太少；但秋实已经不再是从第一段关系中走出的那个敏感脆弱、随时准备缩回洞穴舔舐伤口的女孩，也不再是那个过年时需要躲在家里伪装和母亲去上海看望父亲的姑娘。无论在下个夏天，她会和谁在路边喝啤酒吃花生，我都会觉得她已有勇气迎接所有馈赠，也有能力处理所有伤害。因为跨越了两段伤害的她，配得上接下来的幸福。

第五章

天才的人生，
平凡的人生，
一样值得过

天才的存在是对凡人的诅咒吗

陈碧读《沉落者》

我读书的时候认识一个面目清秀、智商奇高的年轻人，他经常由衷地感叹：我怎么如此优秀而世界却如此平庸。鉴于他的自恋很有感染力，也有一定的说服力，我也由不得不信。到毕业季，优秀的人去找工作。HR面试问他："你最大的优点和缺点是什么？"他没有半点犹豫地回答："追求完美。"这简直是我等凡人一辈子也想不到的答案，他却那么笃定，就这样轻松地进了那个金光闪闪的大门。

当然事情总会有反转。他确实优秀，但流露出来的那种"要么我是最棒的，没有之一，要么什么都不是"的劲儿，不见得时时刻刻都经得起现实检验。一旦不是最棒的，一旦受挫，他就会陷入一种全世界都想害我的愤怒和恐惧。凡人能够接受这种解释：总有人比我强，我不可能最强，我已经很不错了还要怎么样……但他不行。他虽没有陷入自毁的冲动，但他琢磨的是：这些比他强的人，无非是家里有关系、选对了专业、跟对了业务组、找到了风口，总之人家是猪也能上天，而他是神也被困在凡尘。有一阵儿他痴迷于钻研《周易》，试图从命运的天书里寻找未来的答案。这样总算虚无了吧，信了命就不要把自己捧到老高。不，即便如此，他仍然要让每个试验品了解，他学算命都可以比别人更强，算得更准，因为他就是天才本才。

我跟这个年轻人很久没有联系了，因为作为观察者，也相当消耗能量。后来我慢慢理解，也许他时常活在全能自恋中。这种自恋是带着强大生命能量的，所以绽放的时候格外具有魅力。当一个人受全能自恋驱使时，会觉得自己无所不能，思维和行动力都非常厉害，什么都敢想敢做，这推动着他们搞定很多不可思议的东西，所谓遇佛杀佛，遇魔杀魔，世界都为他让路。可它非常脆弱，一旦出现一个关键挫败，他们就会跌落到谷底，好像自己什么都不是了。因此他的无助和暴怒也是极度黑暗的，站在近处的人要么无端着了池鱼之灾，要么看得触目惊心。他怎么是这样的人？我为什么不是？到底我们是谁有问题？如果可以选择，要不要做这样的人？厉害的时候是真厉害啊，委顿的时候也是真委顿。

《沉落者》中的三个主角，也是这样的全能自恋者。他们互为镜像，是同一个人的分身，是一体的多面，是天神也是落败者，是王者也是放逐者，是祭坛也是献祭者，是完美，也是完美的灰烬。

讲述者"我"和好朋友韦特海默都是自视甚高的音乐奇才，练了十几年钢琴，但偶然听到古尔德演奏《哥德堡变奏曲》之后，发现他才是真正的大师，钢琴"极端主义分子"，无以复加，不可超越。说得伤感些："对我们来说，一切都结束了。"

"我"迅速进入了衰败程序，把心爱的钢琴送给了一个毫无天分、毫无乐感的乡下孩子，"我"想象着他们家是如何毁掉这架可爱的钢琴的，这架堪称最好的、最令人羡慕的，也是最难得到的、最昂贵的钢琴啊，"我"面露微笑还饶有兴趣地想象着这一过程。然后转入哲学研究，毫无建树，沉落至灰烬之处。

韦特海默仍然挣扎，还继续练了几年钢琴，但由于古尔德的存在，他放弃了，转而研究精神科学。他把愤怒和恐惧转向自己的妹妹，不让她离开自己的生活半径，用他的绝望控制她，折磨她。终有一天，妹妹出走结婚之后，他失去了世间唯一那根线的牵绊，自杀了。

"我"在去参加他的葬礼的路上，反复回想：就是那个瞬间——我们十几年勤奋研习一种乐器，在听了一位大师弹了几下琴键之后就一蹶不振了，结束了，一切。

"我"自暴自弃了，韦特海默自杀了。但这是我们自己的事情，与古尔德无关，他用不着请求任何原谅。他的完美，杀死了世界上所有想与之争锋的事物，但他无须抱歉。并不存在"既生瑜何生亮"这件事，他不用nice，也不用负责，他对其他事物的陨落毫不在意。他就是钢琴本身，他就是施威坦，他与琴合一，因为极致的完美，可以随意摧毁世间万物。

《沉落者》里反复提到《哥德堡变奏曲》，这首曲子共有三十二个部分，最开始是一个咏叹调。然后，紧接着是三十个变奏，华丽炫技。最后，曲子再次回到最初的主题。曲子在一些犯罪电影的杀戮场景中出现过，比如《这个杀手不太冷》《汉尼拔》，变奏部分如此之美，而脱离了人性。假如你不懂什么叫作"美到惨绝人寰"，可以听听这个。大致就是一种非人的美，不属于人间的美，脱离理性的美。

小说的写法致敬了巴赫的作曲模式，文中出现无数次变奏，反复讲述那个目睹古尔德弹奏《哥德堡变奏曲》的时刻，主题就是一切结束了，我们从此破碎了，再也不能完整。小说作者重复了三十次这个主题（这个数字是我猜的，我不统计可见我不是个追求完美的人，而作者一定是）。由于每一次的写法和内容都有变化，所以读起来，就像被乐章冲击，一遍遍冲击，"此恨绵绵无绝期"。如同《哥德堡变奏曲》的三十次变奏本身，"将复调音乐的光彩发挥到了极致"。

为什么说这三个主人公是一体的分身呢？因为他们每个人都是全能自恋者的某个人生片段。古尔德近乎神的存在，动动琴键就可以让别人的世界灰飞烟灭。他存在，他飞升。"我"一旦发现自己绝无可能弹得比古尔德好，就立刻放弃了钢琴，以一种近乎自虐的方式。"我"憎恶观众，也憎恶掌声，但钢琴是"我"抵抗这个世界的工具。其实这一点，古尔德也一样。他公开表演了两三年就退回到自己家里的琴房，每天弹八到十个小时，不让人打扰。他已臻化境，只待羽化成仙。

"我"如何描述自己浪费才华呢？"我也对一切拥有完备的条件，但大部分情况下我完全有意识地不去利用这些条件,至于为什么,无非出于冷漠、傲慢、懒惰和厌倦……"太虐了,把美好毁灭给你看,把才华浪费给你看,就像杜十娘怒沉百宝箱,往长江水里扔明珠翡翠,那种绝望啊,我童年时看过最惨绝人寰的一幕。

韦特海默则破碎成了另一个样子。他本来就苟活在心灵的荒原之中,后来连自己的生存都不能允许,在古尔德脑溢血之后,他觉得羞耻,怎么可以活过天才?韦特海默有二十年和妹妹生活在一起,他像暴君一样对待他的妹妹,不许她交往任何男人。"我为她做了一切,结果她抛下了我。"韦特海默说着绝望的谎言,事实上他做的只有控制,让妹妹依附于他,但最后失败了,他仍然可以把自己的一切不幸归咎于妹妹。除此之外,他也没有可以怪罪的人。

这段情节和真实生活中的钢琴家古尔德是部分重合的,古尔德爱上过一个女人,也因为过度的控制失去了这个女人。也许在全能自恋者的生活里,必须要绝对掌控,任何人的独立意志甚至思考都构成对他的干扰。"不要出声""我没有""你在思考,很吵",这段对话来自卷福版的"福尔摩斯"。

因此,这三个人的命运是纠缠在一起的,或者上升,或者沉落,或者燃烧化为灰烬,是蔷薇开不出的结果,是花火点燃后的寂灭,是孔雀的开屏,是最华丽的谢幕。如果说这是一场献祭,那他们既是祭坛,也是祭品。

说回这个要命的自恋,在它破碎之前,多么迷人啊!那些追求更高更强更快的人,那些追求极致、完美和不朽的人,那些无论何种牺牲都在所不惜敢教日月换新天的人,那些狂人、那些布道者、那些独裁者，他们身上都有迷人的自恋，让他们幻化成无所不能的神。艺术、宗教、政治，都交换着同样的气息。如果一个人的人生全部用于肆无忌惮地追求极致，那么他的生存就不是生存，而是被生存。艺术、宗教与政治的极端主义有着令人难堪的相似之处，用布罗茨基的比喻就是，你柜子里的衣服，也适合你的仇敌。有时候，你们只是一体的两面。你爱着美，你爱着人类，同时，你也是美的毁灭者，人类的掘墓人。

谁没有见过自恋的破碎呢？"那个人好像一条狗哎"，那不就是他破碎的时刻吗？我原来不是那个盖世英雄，不是踩着七彩祥云的那个人，我其实只是个凡人，我其实像条狗哎……有很多人，一辈子没有热烈地爱过，没有执着地去做自己喜欢的事，不就是因为害怕自恋破碎之后的惨淡吗？为了避免破碎带来的羞耻，如果和一个不那么爱的人过日子，或者去做一件凑合的事，那么就算失败了，也不会这么绝望。原来我什么都不是，原来我不配，原来我想要的都得不到，这才要命呢！所以你就变成了那样的人：从来不说自己在乎什么，也从来没有用心地去做任何事，什么都是凑合的。你用一种紧巴巴的自虐的方式过完了这一生，护着你手里的那点幻梦。其实你手里什么都没有啊！

《沉落者》的一生就这样结束了，把才华虚掷，把美毁灭，把人生过得乱七八糟，任性到极致。但正常人的一生不可能如此，会经历很多次破碎，有的是无声的，有的是剧烈的。小孩子问：长大以后会好吗？

长大吗，还会继续碎，可碎着碎着，人就皮实了。有生命力的人生，就可以继续碎下去。举个例子，近来我在读布罗茨基的时候会有崇拜又羞耻的感觉，他怎么可以这么好，而我写的都跟垃圾一样。我又碎了一次，但这不会让我厌弃自己。毕竟李白也有"眼前有景道不得，崔颢题诗在上头"的时刻——我竟然开始拿李白来打比方了，我又自恋了。

让世界准备好接受你的本能排山倒海般涌出吧，去体验那种我可以我想要我全能，当然会破碎，会被现实无情检验，你也许会成为沉落者，也许会成为皮实抗造者。相信我，你到世界来一次，这是身而为人不能错过的体验，去爱，去表达，去争取吧，别着急说"我不配，我不是，我没有"。

大约很少有人能在看完《沉落者》之后还这样上进吧。是他的沉落，托举了你我。

有的人存在是为了验证神的美意

赵宏读《历代大师》《沉落者》

伯恩哈德的《沉落者》以钢琴大师古尔德为原型,描写了古尔德的两位好友在目睹他的旷世奇才后自甘沉落的故事。熟悉钢琴史的人都知道,历代钢琴大师大致会分为德奥和俄裔两支,匈牙利、法国和意大利的钢琴演奏家也基本都与这两支有师承关系。德奥和俄裔的对比又可参阅贝多芬和拉赫马尼诺夫,前者永远动机单纯斗志昂扬,会给人一天的精神健康,所以经常是我晨跑时的BGM;后者旋律悠长,即使走向终章也还有难以言说的苦涩。在这种两支对立的格局中,古尔德是个绝对特别的存在。他出身于加拿大,枫叶国迄今在音乐史上留名的似乎也只有他。

古尔德的特别之处还在于他基本只弹巴赫,虽然他也留下了莫扎特和贝多芬的录音,但对这两位他都评价不高,莫扎特在他看来太煽情,贝多芬被他鄙视太粗鲁,所以他弹的莫扎特奏鸣曲居然比我家九岁的琴童还要慢,莫扎特的纯真质朴被全部稀释,剩下的就只有嘲讽和戏谑,而他和卡拉扬大帝留下的贝多芬第三钢琴协奏曲则完全是两个男人的意志力竞赛，钢琴和管弦乐全程都在比拼谁能将自己的节奏贯彻到底，二者交会处也听不出哪怕 0.01 秒的惺惺相惜。

但对巴赫他是真爱，他也几乎将自己的一生都献祭给了巴赫的音乐。可有意思的是，即使同样弹巴赫，他也并没有像后来的朱晓玫、郎朗一样，首先把巴赫这个人奉上神坛。郎朗为了弹巴赫专门跑去莱比锡膜拜巴赫摸过的管风琴，朱晓玫干脆在巴赫的墓前演奏。但巴赫对于古尔德绝非精神偶像和情感寄托，纯粹就是艺术研究的对象，所以他弹的只是最低限度的巴赫。在此，巴赫和他自己都是达成更高艺术目标的工具，但也许正因为被当成了客体，巴赫反而经由古尔德焕发出全新可能。

古尔德一生最经典的两张唱片都是巴赫的《哥德堡变奏曲》。1955 年初录时他年仅二十三岁，却已在加拿大声名鹊起。俊朗的青年获邀去纽约录音，可当时的唱片公司却无人赞成一个技艺高超的钢琴家录制巴赫。因为直到今天，巴赫对于大部分学琴的人来说，都只意味着童年时枯燥的练习、沉闷的曲调和毫无情感起伏的旋律。我家琴童六岁开始被老师安排弹整本的巴赫创意曲集，弹完创意曲还有赋格曲，而赋格之后还有巴赫的平均律，还有英国组曲、法国组曲，总之每个人的学琴路上几乎都是无穷无尽的巴赫。所以，无论我再怎么"PUA"，比如经常在他练巴赫时夸张地说，哎呀，你一弹巴赫我就感觉咱们家跟教堂一样神圣，孩子依旧觉得无聊。所以，若无古尔德，我猜想巴赫在钢琴史上大概会一直是这样的存在：绝对重要却并无太多的音乐吸引力，就像是去艺术博物馆时，我们总会快步略过的那些圣母圣子的宗教绘画。

但古尔德弹奏的巴赫全然不同，1955年录制的第一版里他就把巴赫弹得火花四溅、技惊四座。村上春树有篇小说叫《神的孩子都在跳舞》，而古尔德就是那个神的孩子，他有如一束光在水面游耍嬉戏，半个多小时的变奏里听不出任何属于尘世的情绪，有的只是超凡脱俗的掌控力和永不衰竭的律动性。巴赫因为他的演绎真正成了神谕，那种完全不关乎个人悲喜的天启。村上大叔有次说，他一直琢磨古尔德弹琴为何会与其他人那么不同，后来明白这人的左右手几乎天生没有分别，大部分钢琴家左手要跟得上右手的跑动都要经过严酷训练，而巴赫的复调音乐所需要的却是这种浑然天成的左右互搏。与二十多岁的电光石火大大不同，1981年的版本里，古尔德明显放慢了节奏，整张唱片总时长也比1955年慢了近二十分钟。他仿佛阅尽千帆已臻化境，尤其当第二十五变奏伴随古尔德的低声吟唱缓缓奏出时，让人蓦然有种"色即是空"的醒悟。录制这张唱片一周后，这个不世出的天才仅五十岁就猝然离世。

与他的艺术成就相比，古尔德可能也是钢琴大师中怪癖最多的那个。例如，出门演出时永远带着比钢琴矮很多的琴凳；从年轻时就一直活在自己可能早夭的恐惧里，因为害怕一切病菌，三伏天出门也一样大衣帽子手套全副武装，四十多岁起就开始滥用各种药物预防疾病。他自称很爱母亲，但为了避免被病菌感染，他居然在母亲离世前都拒绝去医院探望。他离群索居终身未娶，唯一一段爱情是跟一位音乐家同行的太太，两人还是通过无数个越洋电话爱在一起。但当这个爱人带着孩子从美国远赴加拿大奔现后，古尔德极致的控制欲很快摧毁了这段感情。

不知道为什么，即使读到这些故事，也丝毫未减损我对他的迷恋。一直以来，我好像就对那些为了极致追求而献祭自己的人表现得毫无抵抗力，即使知道这些人的ego大到完全容不下任何人。从陈碧老师的精神分析来看，大概是因为我做不到抛去一切追求完美，所以渴慕和迷恋这些献祭者。《沉落者》里说，如果一个人的人生全部用于肆无忌惮地追求极致，那么他的生存就不是生存，而是被生存。但最完满的主体性可能就是要首先把自己当成客体才能获得。生存和被生存、祭坛和祭品本身就无边界。古尔德献上了自己，所以赢得了最完美的巴赫，他的客体性和工具性也因此转化为最大的主体性。而作为普通人，我们可能既无献祭的天赋也无献祭的勇气。有时候我甚至觉得，连纵身一跃的勇气可能都是上帝赐予的天赋，因为总有各种各样的力量让我们沉落而不是上升，普通人的丁点儿进步大概都取决于你可以在多大程度上对抗这些下坠的力量。

记得有次看一个钢琴家的访谈写他结婚离婚仅寥寥几句，"婚前我每天弹八个小时琴，结婚后每天弹四个小时，离婚后又可以每天弹十二个小时"。看完这段我再看一旁正把巴赫弹得像剁饺子馅一样的琴童，心情骤然复杂。所以，我无比清楚这些献祭者的身上有着致命的自恋,但谁又能不原谅他们呢,尤其是读到下面这句,"一个人可以在丰富自己时代的同时并不属于这个时代;他可以向所有时代诉说,因为他不属于任何特定的时代,是一种对个体主义的最终辩护。他声明,一个人可以创造自己的时间组合,拒绝接受时间规范所强加的任何限制",这句就来自古尔德。是他破解了复调音乐中无穷无尽的奥秘,也是他让人相信有的人存在,就是为了验证神的美意。

对古尔德的极限赞美里多多少少还包含着我作为一个艺术爱好者的执念,但这种执念却在伯恩哈德的另一本书《历代大师》中被无情戳破。《历代大师》采取了和《沉落者》一样的写法,"我"作为故事的讲述者,雷格尔是故事的主角,也是被"我"观察的对象,而博物馆的工作人员伊尔西格勒则是雷格尔故事的背景衬托。三角人物关系产生了一种奇异的镜像折射,推动这本小说在无任何段落分隔下推进展开。故事里的雷格尔是个艺术批评家,他精于绘画、音乐、哲学和文学,他用艺术追求来逃避现实世界的平庸拙劣,用他的话说,就是一个道地的"精神人"(德语:Geistmensch)。他每天的日常就是去艺术史博物馆看画和思考,用艺术喂养他的灵魂。可当太太突然离世,他看待艺术大师的态度发生骤然改变,他开始无情抨击此前被他视为庇护的他们,因为他发现此前他倚赖的艺术巨匠们,再也不能带给他任何慰藉,留下的只是背弃和讥讽。

在《历代大师》里被伯恩哈德扫射的艺术家无数,首当其冲就是音乐家。他评价布鲁克纳的乐曲中,"显示出一种对狂乱无序的陶醉,晚年更有一种对宗教和青春期骚动不安的痴迷",人们甚至都不需要轻视他而只需拒绝他（看到这儿我都想为村上大叔掬一把眼泪,他可是曾用整本小说致敬过布鲁克纳）;"乐圣"贝多芬被他直接归类为"国家作曲家",一个执着的抑郁者,他的音乐就是"音符以国家的愚钝为旋律的齐步前进";艺术史上两位顶尖的指挥家托斯卡尼尼和富特文格勒,也被他形容是"拙劣的煽情者";最后一位浪漫主义交响乐作曲家马勒在他看来甚至比布鲁克纳还要糟糕,"他让奥地利音乐走到了最低谷,他的音乐纯粹是煽动群众的歇斯底里",他甚至不愿意死后安葬的墓穴离马勒太近;最惨的还是莫扎特,纯真质朴的小莫被他评价为"充满着衬裙和内裤式的煽情,尤其是在歌剧作品中,浅薄的插科打诨、装腔作势的道德说教比比皆是"。

从音乐家再到哲学家,海德格尔同样中枪。在伯恩哈德看来,海德格尔思想狭隘、令人生厌,是"哲学上的骗婚者",也是"阿尔卑斯山前的弱智","他就像一头不断怀孕的哲学母牛,被放牧在德国的哲学里,然后几十年里在黑森林排泄出一摊又一摊具有诱惑性的俏货"。读到这里,连我都觉得实在过激,我已分不清这只是小说的人物设定所需,还是伯恩哈德借雷格尔之口说出了他心底的真实。

但考虑到他甚至谈父母时都语出惊人,这种过激似乎又可以理解。雷格尔描述自己是在冷漠的环境里长大,父母并不爱他,他的整个童年充满绝望,他甚至写下"地狱没有来，地狱曾经在，因为地狱就是童年"。伯恩哈德的父母同样是在未婚时就生下了他，生父为逃脱责任去了德国，他也在年幼时就被送去了外祖父家，直到母亲再婚后才又回到母亲身边，但很快又因与母亲不睦而被送去专门看护特殊儿童的特教所。如此不堪的际遇自然会让人趋于乖戾，因为嘲讽咒骂大概也是典型的创伤应激和人生保护。

坦白讲，尽管此前已有《伐木》作为铺垫，但初读《历代大师》时，看着那些我曾赞誉过的艺术家被雷格尔猛烈"扫射"依旧觉得强烈不适。他还在书中嘲讽，"赞赏就是一种弱智状态，只有蠢人才赞叹"。如此说来，在前文里几乎把古尔德夸上天的我，简直就是蠢货中的蠢货。想到一个朋友曾经不断提醒，不要在自己看重的事情上附着太多的价值，因为到头来可能都是一场虚空，伯恩哈德虽然说得极端却也不无价值。的确有太长时间，我似乎都活在艺术幻梦里，我很容易就因为一个人的艺术成就而原谅他的道德瑕疵，甚至笃信艺术家的人生价值远高于庸常的普通人。村上春树在《海边的卡夫卡》里写：如果一个人一辈子都没读过托尔斯泰，一辈子都没听过贝多芬，那这种人生也不值一过。看到这句我都想跟大叔隔空击掌。

但觉得唯有艺术才不会因生活的不堪而死亡，又何尝不是知识分子的傲慢和自欺？它让我们在貌似轻松就说出所有卡拉马佐夫兄弟的名字时，获得了在智识上碾压别人的极大满足。可这种由艺术所粉饰的高级感并不真实，因为即使是我们赞赏的艺术大师本身也不是无懈可击，长久地研究莎士比亚会发现其中的漏洞，凡·高的向日葵大概也经不起天长地久的凝视。所以，真正的理智是尊重和重视，而不是虚与委蛇地赞美。从这个角度来看，《历代大师》可说是对包括我在内的知识分子的思想清算。他借由讥讽历代大师来讥讽我们的虚伪和贫乏。所以真正的依托可能并不在艺术里，而是在人与人朴素又真挚的关系中。就像雷格尔直到妻子离世才意识到，几十年来维续他生存的并不是那些历代大师，而是陪伴他到暮年的妻子。

可艺术就此就无意义了吗？也不是。雷格尔在如此剧烈地抨击了历代大师后，也还是说，"尽管我们有时觉得艺术是多余的，尽管我们对它们常常出口不逊，但是把我们这样一个人拯救出来的正是这被斥骂和批判的，常常令人生厌的糟糕的艺术"。所以坦诚地对待艺术，坦诚地对待人生，不拔高也不看轻大师和自己，就像《历代大师》在结尾处所写，"我们有什么没有想到，说到，我们以为自己是内行、权威，其实不是，这是喜剧"。

不过，好在伯恩哈德扫射了不少音乐家，却唯独放过了瓦格纳和古尔德。对于前者，他说他就是天才的注脚；而对于后者，他说，"《暴风雨奏鸣曲》只有古尔德确实弹奏得好，让人听了能够忍受，其他人都不行"。

无穷无尽日常中的觉醒时刻

赵宏读《眠》

我一直是村上春树的超级粉丝。可有了孩子后,时间被切割得支离破碎,再无余暇拿起大部头的书看个过瘾。于是,村上春树的各册短篇小说集便成了偶尔得空聊以慰藉的首选。十几个单行本中,看得最多的当数《眠》和《东京奇谭集》。《眠》原本发表于1989年,但村上在2010年重新润色修订,并配上了卡特的插图再版。新版由施小炜翻译,是我心中更接近村上本人腔调的译本。

一、我根本无处可逃

小说依旧以村上最熟稔的第一人称写成。文中的"我"是位年过三十,有着美满家庭的女性。丈夫是位牙医,儿子刚上小学,生活静谧幸福,几乎没有任何可称得上问题的问题。但某天深夜,"我"遭遇梦魇惊醒。恐怖渐渐淡去,"我"再无法入睡。于是便开始点灯夜读《安娜·卡列尼娜》(村上在此选择这本书同样意味深长)。选择这本书的缘由,

223

是因为那个时候,"我"最想读的就是卷帙浩繁的俄国小说。在展开书卷时,"我"回想起自己嗜书如命的少年和青年时代,那时候的自己将读书作为唯一的生活中心,图书馆的书尽情尽兴地读了个遍,零花钱也几乎全部用来买书。但曾几何时,这样的岁月却悄然远离。在料理家务和照顾家人之余,尽管"我"也会拿起书本,但读书时总是有各种杂事浮上脑际,像枝蔓一样四处蔓延,最终唯有时间逝去,而书页却几乎未动。人生发生了如此急剧的改变,"我"却难以明白其中的缘由。但奇异的是,那晚的"我"却将注意力全部集中于《安娜·卡列尼娜》,并一口气读至天色转白。

也是从这一晚开始,"我"开始持续地不眠。但这种不眠却不似普通的失眠,"我"非但没有任何的身体不适,精神反而比往日更充沛。在不眠的日子,除了照旧照顾家人、料理家务外,"我"不愿跟任何人产生瓜葛,只是一个人没完没了地读书、疯狂地运动。与此同时,"我"也惊异地发现,只要切断大脑和肉体的联系,繁杂的现实就几乎可以轻易地被玩弄于股掌之间。"我"义务性地购物、清扫、照料孩子,甚至义务性地与丈夫做爱,大脑却浮游在托尔斯泰所构筑的精巧文学世界。在连续不眠一个星期后,"我"越发精神,甚至人也变得更漂亮。尽管也担心这种不眠会带来不可预知的后果,但当下的"我"只是追求每天独自一人安静地读书,去泳池畅快地游泳。"我"甚至觉得,"不眠"将我的人生扩大了,我得以拥有相当于一天三分之一的时间,可以随心所欲地自由支配。因此,"我"不再害怕不眠,反而开始享受其中所具有的真实的人生感。"我"也未将不眠的事告知家人，因为在那些不眠的时间里，包裹着自己尚未被消磨和损耗的部分。就这样，"我"在不眠的日子专注地读完了托尔斯泰，读完了陀思妥耶夫斯基，读书时"就如唱针划过唱片的声槽，我的手指能清清楚楚地滑过故事的细节，并深深为之感动"。

隐藏的凶险终究会到来。在小说的最后，"我"在半夜开车去海边兜风，就在追忆大学时代曾与恋人一起开车外出的情景时，车中的"我"已困在两个黑影之间。他们不断摇撼着车子，几乎要将车子掀翻，"我"在惊慌中试图转动车钥匙，但钥匙掉了出来，车左摆右晃，"我"再无可能找到钥匙。在黑夜最深沉的时刻，"我"根本无处可逃。

二、女性已经无法清晰辨识的人生

其实这本小书的隐喻并不复杂，"不眠"代表了女性从寻常生活中的释放，也代表了女性自我意识的觉醒，但整本小说在村上魔幻的处理和细腻的描述下，却比任何女权主义的著作都更具可读性，也更触动人心。

书中的"我"表面上平静幸福地享受家庭生活，喜欢丈夫、信赖丈夫，家庭里没有丝毫纠纷的阴影。但这种表面的平静和幸福已然悄悄吞噬了那个年少时嗜读如命的"我"。在平静和幸福之下，是女性已经无法清晰辨识的人生，"自己留下的足迹还未及认清，就在转瞬间被风吹走变得无影无踪"。而不眠唤回的恰是那个曾经对自己的人生无比专注的自我。在专注力的支配下，"我"得以清晰地看透托尔斯泰埋藏在《安娜·卡列尼娜》中的玄机，得以在泳池中尽情尽兴地游泳，得以重新收获那个双目炯炯有神、肌肤光滑细腻的自我。于是，她宁愿选择通过不眠所带来的人生拓展，也不愿重新回到需要通过睡眠不断弥补日常性磨损的人生。因为"没有专注力的人生，就仿佛大睁着双眼却什么都看不见"。

在"不眠"的日子里，女性不仅寻获那个不再湮没于购物、料理家务和照顾家人的自我，寻获那个专注于自身的自我，还开始重新审视自己的丈夫和家庭。在小说的开篇，"我"的家庭生活"非常平稳，非常规律"。"我"和丈夫在青春时结识，丈夫谈吐温和，音色淳厚，尤其是"能像孩子般自然地微笑"。他赢得了"我"所有女友的认可，而"我"也当然地喜欢上甚至爱上了他。两人顺其自然地结合，丈夫做牙医，两人在银行贷款后开了诊所，虽然经济上没有过多的富余，但好歹在残酷的世界存活下来。"我"常常夸赞丈夫相貌帅气，丈夫也坦然接受妻子的夸赞，这种夸赞对彼此而言，慢慢变成一种仪式，确认生活事实不会改变的仪式。但在"无眠"后，作为妻子的"我"却慢慢洞察到如下事实：其实在心底深处，"我"对丈夫那种全然的倚赖和信任早已不复存在。一个照例不眠的夜晚，"我"一动不动地凝视着丈夫的睡脸。而此刻映照出的图景却是丈夫"松松垮垮垂下的下唇"，"眼睛下方那颗显得猥琐的大痣"，"仿佛褪色的肉盖子一样松弛的眼睑"。"睡得简直像个傻瓜"，"我"突然对那个一直不断赞颂的丈夫充满嫌恶。"我"尝试说服自己,丈夫的丑陋睡容也许只是因为年岁的增长和生活的磨损,但当"我"看到睡姿和丈夫一模一样的孩子时,却发现在那个"像傻瓜一样的睡颜"背后,其实是丈夫整个家族血统里的顽固、自我满足和傲慢,以及那种完全不容许任何想象力介入其中的拘谨与偏执。"我"因为这一发现而惊觉,或许未来的某天,即使作为母亲,"我"也会在某一刻轻蔑自己的孩子。这个发现让身为妻子和母亲的"我"惊惧不已,也无比悲哀。

但丈夫不值得全然信赖和爱,真的就是"我"无眠之后才觉察出的吗?其实早在前面的铺垫中,村上就已借由细微又克制的笔触铺垫出夫妇之间在"平静幸福"的婚姻生活背后,早已出现的巨大裂痕。丈夫喜欢听海顿和莫扎特,但"我"尽管和丈夫生活多年,却根本无法区分二者;"我"在不眠的时候尽情尽兴地看长篇小说,丈夫却对放在桌上的托尔斯泰无丝毫觉察。"我"在翻阅《安娜·卡列尼娜》时看到粘在书页上的巧克力碎屑,想到自己年少时正是边吃巧克力边看此书的,于是强烈渴盼巧克力。但丈夫是牙医,厌恶甜点,家里几乎没有任何甜食。村上描写到"我"目睹巧克力碎屑时,那种每个身体细胞都强烈渴盼巧克力的心情,以及"我"在吃到久违的巧克力后,每个身体细胞都将那种甜腻无比的味道吸收殆尽的感觉时,作为读者简直不能再有代入感。在这些细节背后,却是"我"长久地被压制和磨损的事实。所有平静的婚姻之下,都潜伏着汹涌的波涛;在表面的静谧幸福背后,都是无数个深深被压制的身为女性的"我"。

这些压制和磨损在"我"遭遇无眠后却变得如洪水急退后露出的地面一般明显，也再不能让人片刻忍受。村上的长篇小说中还未有"我"这样的女性作为主角，但在其短篇小说中，这样的女性却为数不少。她们虽然都只是在作品中倏忽一现，但村上借由她们极其精准地刻画出在婚姻中被损耗的女性。磨损和压制日复一日地进行，深刻的觉察和命运的转变往往由意想不到的契机所促成。在另一篇短篇小说《背带短裤》中，故事讲述者的母亲在年届五十，独自一人在德国旅行时，终于下定决心与其父亲离婚并开始新的人生。在此之前，母亲全然以家庭为重，疼爱女儿，哪怕丈夫在男女关系上不检点也表现出几乎"缺乏想象力"的忍耐。但在德国为丈夫购买背带短裤时，看着裁缝摆弄模特的过程，母亲突然从"心底涌起对父亲忍无可忍的厌恶"，之前模模糊糊的情感在此刻变得清晰稳固。从德国归来的母亲义无反顾地离开了父亲，作为故事讲述者的女儿起初不理解甚至怨恨母亲，但在听完这段讲述后开始释然。小说的结尾处，村上问故事讲述者，"假如从刚才的故事中将短裤的情节去掉，而只是说一名女性在旅途中获得了自立，你还能原谅你母亲抛弃你吗？"故事讲述者当即回答，"不成，故事的关键就在于短裤"。这是一种女性对女性的真正了解和体谅。

无眠的"我"满心以为，在历经上述洞察和觉醒后，"我"完全可以坦然将无眠视为生命的扩展，在不用睡觉的时间尽情尽兴地、专注地做自己。至于那些义务性的工作，只要切割身体和大脑的联结就可以轻易完成，总之，无眠的

"我"自信地觉得,通过不眠完全可以对抗来自婚姻的损耗,完全可以轻易地将现实玩弄于股掌之间。命运就如斑驳的阴影晕染了我们的人生地表,尽管人生的某一部分或许仍有个人顽强意志的存在,但任何以命运为对手的鏖战,几乎都注定会以徒劳和失败而告终。在文章的最后,"我"清楚知道,自己根本无处可逃。故事在一种令人近乎绝望的宿命感中结束,配上卡特极具感染力的插图,惊惧效果也达至高潮。

三、女性的出路又在哪里呢?

村上用无眠写尽了一个女性对婚姻的觉醒,但觉醒后就能释放和解脱吗?村上没给出答案,反而用令人惊惧的结尾塑造了一种无处可逃的绝境。单单是想象"我"坐在车里孤身一人掩面痛哭,就已经让人心情震颤不已。其实每个走入过婚姻的女性都会或多或少地感受到那种压制和损耗。这种压制和损耗即使不是来自和你有着巨大鸿沟的丈夫,也会来自婚姻和家庭制度本身,来自作为女性在家庭中担负的各种重荷,履行的各种责任,来自社会的整体期待和世代的观念传承。每每读这本书的时候我都会想,女性的出路究竟又在哪里呢?婚姻好的时候的确非常好,但这种短暂的"非常好"又何以对抗日复一日的持续消耗?孩子也是如此,每个母亲无疑都疼爱着自己的孩子,但如果这种压制和损耗持续地进行,或许未来的某一天母亲也无法再真诚地疼爱孩子。

尽管这本书根本没提供答案,相反还弥漫着难以对抗的宿命感,却成为我最常阅读的小说。读完后总会唏嘘一会儿，之后再投入无穷无尽的日常性事务中。我知道作为母亲，我永远无法摆脱，也必须交付一些自我。我也知道，在作为整体的女性没有从这种损耗中获得释放之前，作为个体的我只能如无眠的"我"一样，从阅读和思考中寻获些许对抗的力量。但我还是在心底隐隐希望，即使出路如何永远无解，至少自己还能在日常性损耗的间歇中保持些许的"无眠"。

小小蜉蝣的生命启示

罗翔读《诗经·蜉蝣》

好些同学都因为毕业论文和工作倍感焦虑，对于神秘莫测的未来充满恐惧。其实我也一样，对于不可知的明天充满忧虑，患得患失，经常情绪失控，怒气满溢。很多时候，我不知道该如何安慰学生，感觉自己像瞎子领路。我觉得自己更需要被安慰，只是作为老师，我必须假装从容与坚强。

所以这段时间，我在漫无目的地阅读，我把书籍作为一种精神类的镇静剂，让自己暂时从压力中抽身而出，获得一种自欺式的平静。

无意中翻到《诗经·国风·曹风》中的《蜉蝣》，感觉就是我此时此刻心情的写照，卑弱的蜉蝣嘲笑着我的忧虑。

> 蜉蝣之羽，衣裳楚楚。心之忧矣，於我归处。
> 蜉蝣之翼，采采衣服。心之忧矣，於我归息。
> 蜉蝣掘阅，麻衣如雪。心之忧矣，於我归说。

蜉蝣是最原始的有翅昆虫，体形纤弱细长，生命短暂，却依然竭力展现美丽的羽翼。

我经常把蜉蝣与蚍蜉混为一谈。蚍蜉其实是一种蚂蚁，韩愈诗曰："蚍蜉撼大树，可笑不自量"，说的就是这种小蚂蚁。后人将韩诗中的"可笑"改为"可敬"，也算另外一种解读。人类历史上不自量力者胜过强大的巨人并不罕见，弱水亦可穿石。

《昆虫记》的作者法布尔说："如果不能理解昆虫告诉我们的所有句子，人类的知识就会从世界档案中被抹去。"小小的昆虫可以告诉我们许多道理。

对于《蜉蝣》一诗，也有不同的解读。传统的说法认为这是一首感怀诗，作者是曹国贵族，生逢乱世，感伤悲叹，警告那些不知国破家亡将至的曹国贵族，不要像生命短促的蜉蝣一样炫耀自己的锦衣华服，而要及早为将来打算。好像有点"山外青山楼外楼，西湖歌舞几时休"的意思。

所以《诗序》说本诗的主旨是"刺奢也。昭公国小而迫，无法以自守。好奢而任小人，将无所归依焉"。也就是说这首诗歌的中心思想是讽刺曹公奢靡度日，任用小人。朱熹则认为这首诗是劝人不要"玩细娱而忘远虑者"。

这些解读也许都有道理，但是我读到的意思没有如此宏大的家国情怀，作者也许并无劝世说教之意，只是一种纯粹的自我感悟。

蜉蝣朝生暮死，却依然衣裳楚楚，注重仪表，这何尝不是一种对生命的尊重，对命运的敬畏？

孔子有一个学生子路,在被士兵乱刀砍死之前,一边整理冠帽,一边对这些士兵开口喝道:"君子死,冠不免。"人不可能为了生命本身而活,否则活着本身就是等死。人总要为着生命以外的存在而活着,人生的意义只在人生之外。

公元前213年,罗马大军兵临叙拉古城,罗马统帅认为区区小城五天即可攻破。但是叙拉古有阿基米德,他利用数学知识设计出很多奇奇怪怪的武器,彻底打乱了罗马统帅的计划。战争持续了八个月,当罗马大军攻破叙拉古城,阿基米德正在实验室里画他的图形,士兵的脚步声惊扰到阿基米德。阿基米德怒斥道:"离我的图远点!"随后,阿基米德死于刀下。

数学对于阿基米德而言,就是短暂生命的采采之衣。"衣服"代表着人类的尊严,这种尊严让我们对抗世间的严酷,在忍耐中学会从容。苏轼说:"寄蜉蝣于天地,渺沧海之一粟。"我们渺小的生命终归会走向终点,我们无法左右明天,心之忧矣,也无济于事,我们只能在生命的每时每刻,负责任地过好当下,有尊严地面对未知的一切。

前几天有一个年轻的学生给我发了一封长长的邮件,说自己失恋了,非常痛苦,不想再活下去了。我很想安慰他,但又害怕自己同理心不够,爹味十足。也许时间能够安慰他的忧伤。人类所有的情感都需要节制,爱情同样需要节制。没有节制的爱不是毁灭自己,就是毁灭他人。无论是浅薄的乐观主义,还是绝望的悲观主义,都需要被节制,这两种情感其实具有一定转化性,乐观受挫就会变得悲观。有一名军人在战争中被俘,关在集中营,后被解救出来。有人问他,哪种人在集中营里最难以存活呢?他的回答是浅薄的乐观主义者,总是在说明天一定好起来。中秋就能被解救出来,结果没出来;又觉得元旦可能能出来,结果还没出来;然后乐观地认为春节一定会被释放,结果还是没有出来。这些人最后就陷入彻底的绝望,也失去了继续活下去的勇气。这名军人提到了斯多葛学派爱比荷泰德对他的鼓励,大家应该听我提过爱比荷泰德说的——我们登上并非我们所选择的舞台,演出并非我们所选择的剧本。

爱比荷泰德提出了一种看似悖论性的哲学观点:首先要坚定自己一定会胜利的信念,其次要学会面对残酷的现实。必胜的信念是不能输,三军可以夺帅,匹夫不可夺志,但这种胜利是心灵的自由与胜利。不要被恐惧击倒,也不要丧失尊严。因为人生唯一恐惧的就是恐惧本身,无论命运给你安排何种角色,都要保持作为人的尊严,尽好自己的本分。其次,我们必须学会面对残酷的现实,无论现实有多么残酷,这都是命运的安排。生活不是童话世界,每个人这一生都会遇到苦难、邪恶和死亡。遇人不淑、识人不善,甚至众叛亲离也许都是人生常态。真正的乐观一定要把信念放在经验以外的世界。

"蜉蝣掘阅,麻衣如雪。""掘阅"意味着"掘穴",也即是从地底钻出。当我们走出洞穴,从黑暗中进入光明,阳光下白衣如雪,朝闻道夕死可矣。

即便朝生暮死,也要衣裳楚楚。

被人遗忘也许才是真正的纪念

罗翔看《长安三万里》

看了《长安三万里》，回忆一下曾经背过的诗词。

很多人都喜欢诗歌，因为诗歌本来就是对循规蹈矩生活的一种反抗。少年人很少有不喜欢李白的。各种聚会时我常常背诵《侠客行》《将进酒》，以此体现自己的豪气干云，现在想想，主要动机是显摆，其实更长的《蜀道难》背不出来。

随着年岁的渐长，慢慢觉得人的浪漫不能长久。人不能总是抬头看天，更要关注地上的生活。黄河之水天上来，但终究要在地上奔流不息。大鹏扶摇直上九万里，但依然要在地上休憩进食。

所以，也就更喜欢杜甫的诗词。

我所就读的中学原名杜陵书院，杜甫在我的家乡走完了他人生终点。

据考证，安史之乱爆发，杜甫被叛军所抓，脱险后入蜀定居成都，投靠剑南节度使严武，在其幕中任检校工部员外郎。公元770年，杜甫在潭州也就是今天的长沙遭遇叛乱，准备逃往湖南郴州，投靠舅父，行舟经过耒阳方田驿，遭遇洪水，断粮多日。当时耒阳县令聂县令派人带着食物前来接济。

杜甫非常感动，写了一首诗感谢聂县令。

诗题曰："聂耒阳以仆阻水，书致酒肉，疗饥荒江，诗得代怀，兴尽本韵。至县，呈聂令，陆路去方田驿四十里，舟行一日，时属江涨，泊于方田。"全诗如下：

耒阳驰尺素，见访荒江渺。义士烈女家，风流吾贤绍。
昨见狄相孙，许公人伦表。前朝翰林后，屈迹县邑小。
知我碍湍涛，半旬获浩溔。麾下杀元戎，湖边有飞旐。
孤舟增郁郁，僻路殊悄悄。侧惊猿猱捷，仰羡鹳鹤矫。
礼过宰肥羊，愁当置清醥。人非西喻蜀，兴在北坑赵。
方行郴岸静，未话长沙扰。崔师乞已至，澧卒用矜少。
问罪消息真，开颜憩亭沼。

据传杜甫当时饿极，猛吃猛喝，猝死江边。《旧唐书·杜甫传》载："永泰二年，啖牛肉白酒，一夕而卒于耒阳，时年五十九。"

人们从河中打捞杜甫的遗体，安葬在县衙北郊耒水左畔洞阳关之西。公元907年，后人为了纪念这位伟大的诗人，在其墓旁建杜工部祠，并作为学校，名曰杜陵书院，办学千年不绝，也就是今天的耒阳一中。

也许正是这段历史，让我在李、杜之间，对杜甫有更多的钦佩之心。"国家不幸诗家幸，赋到沧桑句便工。"现实主义的诗歌体裁远比浪漫主义更打动我的内心。当然，这容易让人抑郁，所以也需要浪漫主义的对冲，杜甫也能写出"白日放歌须纵酒，青春作伴好还乡"这样的诗句。

至于高适，我并不熟悉。只是觉得电影明显美化了高适的人物性格，否则李、杜二人也不会先后与其绝交。

从世俗角度上看，高适是唯一获得封侯荣誉的诗人，比李、杜更加成功。《旧唐书》评价高适："有唐以来，诗人之达者，唯适而已。"侯门一入深如海，从此知己是路人。如果将功名作为人生的最大志向，这种选择倒也合情合理，莫愁前路无"知己"，天下谁人不识君。

高适的贵人是哥舒翰，高适写了很多诗歌颂哥舒翰的赫赫战功，如著名的《九曲词三首》："许国从来彻庙堂，连年不为在疆场。将军天上封侯印，御史台中异姓王。"哥舒翰曾发动著名的石堡城之战，唐军士卒死了数万人。但在高适的笔下，却对哥舒翰竭力赞美，希望能够有所提携："隐轸戎旅间，功业竞相褒。献状陈首级，飨军烹太牢。俘囚驱面缚，长幼随巅毛……我本江海游，逝将心利逃。一朝感推荐，万里从英髦……"

但是李白和杜甫对这种一将功成万骨枯的行径颇为不满，认为玄宗晚年好大喜功，擅开边衅实为残民之举，杜甫的《兵车行》毫不掩饰地对玄宗提出了批评，将其比作汉武帝，几乎就是打脸，"边庭流血成海水，武皇开边意未已……生女犹得嫁比邻，生男埋没随百草。君不见青海头，古来白骨无人收。新鬼烦冤旧鬼哭，天阴雨湿声啾啾。"李白的

《战城南》也是道不尽战争的残酷，霸业的虚妄，以及生民的疾苦，"烽火燃不息，征战无已时。野战格斗死，败马号鸣向天悲。乌鸢啄人肠，衔飞上挂枯树枝。士卒涂草莽，将军空尔为。乃知兵者是凶器，圣人不得已而用之。"为什么李、杜友谊千古传唱，正是因为他们相同的价值观。他们与高适分道扬镳实属必然。

杜甫最早的诗是《望岳》，当时他只有二十四岁，青春年少，意气风发，"会当凌绝顶，一览众山小"。但三十多年后，诗人进入暮年，即将走到人生的终点，他的心境已经完全不同。公元767年，杜甫独自登上夔州白帝城外的高台，登高望远，百感交集，写下了这首千古名篇：

风急天高猿啸哀，渚清沙白鸟飞回。
无边落木萧萧下，不尽长江滚滚来。
万里悲秋常作客，百年多病独登台。
艰难苦恨繁霜鬓，潦倒新停浊酒杯。

不知在当时当刻，他是否想起了故友李白，"两岸猿声啼不住，轻舟已过万重山"。

李白终究是洒脱的。终其一生，我们最要戒除的就是对成功主义的成瘾性依赖，这种重负让人无法轻装前行，面对似水流年，人生唯一的体悟就是虚无、虚荣与虚空的周而复始。

影片中高适在为程监军讲述与李白的相识时，突然问："公公，人生憾事多吗？"程公公一笑，"就算立下再多功业，未来人们也只能在宦官列传里看到我。"

但是，真正的历史却是以天地时空为书卷，书写每个平凡之人感悟人生，追逐宁静，不甘平庸的一生。

何必被人记住，拥有内心的宁静，被人遗忘也许才是真正的纪念。

第六章

我们创造的世界,
就是他们的未来

从我们开始建立一个美丽新世界

赵宏看《好东西》

《好东西》最近刷屏，身边看过的女性没有说不好的。一位可爱的女朋友甚至说，要把邵艺辉剧中的所有金句都背下来，作为自己的人生指南。也因为太喜欢小孩儿姐的"我正直、勇敢、有阅读量"，我甚至把微信签名也改成了这句。

《好东西》的好在于，它以轻盈明快甚至幽默戏谑的方式探讨了现代女性关注的所有议题，比如两性关系、母职惩罚、性别分工等，尽管同样有觉醒和领悟，同样掺杂痛苦和泪水，但它不再是沉重压抑的，也不再因为可能引发性别对立就表现得小心克制。在导演将妈妈的家务劳作声做成飞船、火山、熊猫和风暴的大自然的史诗时，它甚至不包含任何对男性的控诉，有的只是对母亲的极致赞美。

走出电影院的那刻，我心想这或许才是女性主义电影真正的打开方式，它让屏幕上的女性都成了自己生命的主角，却未有分毫贬低和踩踏男性，"男人很好玩儿"，但除了男人，生活中的确也有很多其他更重要的事儿。邵导说，她想展现的是那些已经有了明确性别意识的女性接下来如何生活，甚至如何恋爱，所以在很大程度上，这部电影就是女性的未来生活指南：我们也可以把爱只作为课间十分钟，而把更重要的四十五分钟用作跟男人再无关联的其他事情；女女组合的带娃模式或许可以取代传统家庭，它似乎比依赖男性觉悟后承担父职显得更靠谱；无论是站在舞台中央还是只在台下当个艺术的观众，女性都可以闪闪发光，只要你永远保有自己的主体性。总之，这部电影比我们的想像走得更远。

一、那些正直、勇敢、有阅读量的女性

一部好电影的成功首先来自剧中人物。《好东西》里，从女主角到女配角，甚至是地铁里将酣睡的铁梅的头从陌生男的肩上轻挪到自己肩上的路人女，都让人喜欢。

作为曾经的调查记者，女主铁梅是个曾经写下"正因为我们足够乐观和自信，才能直面悲剧"，甚至在离职做自媒体后，依旧能让自己的女儿、同事崇拜仰慕的单亲妈妈，她铮铮铁骨，刚毅坚强，还能用极其幽默的方式表达出女性长久被压制的攻击性。一刷时惊艳于她夜幕中骑着平衡车反追猥琐男的飒爽，二刷时看到她对初识的小叶说，她都记不清男人睡身边是什么感觉了，更觉得这种可以直面自己欲望的女性实在太酷。

看着铁梅永远精力充沛地腾挪于工作和带娃之间，永远可以有勇气和生活硬刚，一度感觉她简直就是相识的凤凰新闻女主编的荧幕复刻。几乎一模一样的生命能量，甚至一模

一样的工作态度。还记得那位主编在咖啡馆应我们要求追忆过去，说汶川地震时为了赶去第一线竟躲进了军用飞机的仓储间，因为报道了黑社会受到威胁而在外游荡了近一个月才返京，甚至说自己曾经的新闻信念，就是哪怕有一点缝隙也要钻进去挖出真相，真的很难不为这类强大的女性所感染。想想后来我们几个写稿的速度直线飙升，也几乎就是她一手训练。在她还亲自打点那个时评栏目时，听到最多的催稿电话就是："赵老师，几个小时后最好把稿子给我，抓住窗口期！"她让人看到了女性的另一种可能，永远把个人情绪放在事情成败之后，永远生气勃勃，永远对社会和他人怀抱使命感。

或许这才是真正的大女主，她的眼里是整个世界，唯有星辰大海才是她的界限，绝不是哪个具体的男人或是女人。她可以承受新闻理想的挫败，可以在"认清现实"后仍旧满怀热情地投入下一份工作，甚至可以在自己做不了调查记者后，还鼓励小师妹作为年轻人还能再试试。她甚至让人不再惧怕做一个母亲，也明白女性主义并非就是与传统的母职割席，而是可以鼓励你做一个更酷更带感的妈妈。当她在屏幕上穿着厚垫肩西服吓唬胡医生，"这么说，我就是输给一个男人了呗"，笑疯之后也太难让人不爱上她。

但现代女性除了坚强刚毅，依旧可以柔软、多情又可爱。剧中的歌手小叶和铁梅也一样让人喜欢。她让"恋爱脑"不再是个贬义词，因为那只意味着"我们更勇敢，更有爱的能力"，"恋爱很好玩儿"，为男人伤心伤肺并不光荣，但"也不是什么羞耻的事儿"。她怯懦又勇敢，糊涂又清醒，但无论何时都是善良的、坦荡的，甚至还是仗义的。当她得知铁梅和小马好了，一边一脸嫌弃，"他根本配不上你"，一边又甜腻地凑上前，"让你开心的，就是好东西，我也为你开心"，这段简直就像把我们女性朋友间的对话日常直接搬上了屏幕。但女性再恋爱脑，也不会像偶像剧里写的一样为了男的就寻死觅活，偶像剧中"浪漫爱"的设定既是对女性的荼毒，也是对女性的矮化。剧中的小叶因失眠服用大量安眠药，而胡医生却误以为小叶是为情自杀，感动到终于要献出自己最珍贵的感情时，男性的油腻和自恋也会让女性瞬间下头。看完片子的时候跟女性朋友说，这个桥段大概只有女性导演可以拍得出来。如果换作男性导演，大概又会是"你是风儿我是沙，缠缠绵绵到天涯"，总之，就是不增加几处猜忌、撕扯甚至劈腿、自杀就仿佛不能表现出爱情的深刻。

二、作为"女性主义表演艺术家"的男性

除了女性，《好东西》里同样刻画了几个不那么典型的男性形象。记得看完电影后，我还跟陈老师讨论，《好东西》里的女性角色在生活里随处可见，甚至我们自己身上都会有铁梅和小叶的影子，但里面出现的鼓手小马和前夫哥却很少见。他们都不是世俗意义上，或者说父权社会中的成功者，可看着他们在饭桌上煞有介事地大谈"结构性压迫""我们都有原罪"，还比拼谁看的上野千鹤子更多，甚至是脱了

衣服"雄竞"时,觉得这些男性无比肤浅也无比可爱。就连那个海王胡医生也是可爱的,他流连于各种"Friends with Benefits"之间,却在觉得自己是小叶出轨的唯一男性,甚至以为小叶是为自己自杀时,突然就要双手奉上自己的爱情。那一刻,我明白原来海王比恋爱脑更缺爱。

环顾周围,的确很少见哪个男性会像女性一样热衷阅读上野千鹤子,甚至仅因为对一个女性感兴趣,就去阅读她所有的报道和作品,这种操作一般都是我这类女性智性恋患者所为。仔细想想,身边见不到并不代表没有,也许就仅因为我们对身边的男性同样进行了筛选,而筛选标准恰恰就是父权制下关于男性成功或不成功的定义。那些经过筛选的,头顶光环的男性,因为被成功的目标驱使,也被成功的目标禁锢,自然没有精力去看上野千鹤子,没有时间去了解女性的处境,甚至更没有心情为了走进女性就去理解她的作品和灵魂,因为在既定的观念里,男性只要赢得了世界,自然也就赢得了女性。但权力并不等于性魅力,这一点大概直到性骚扰的话题被广泛讨论,才被很多身居高位的男性所真正理解。所以,就像前夫哥说的,"男性也不是天生的,而是被后天塑造的"。

明白了这点,其实也明白了自己一直以来的纠结和矛盾:我们一方面会觉得那些成功男性傲慢自恋,爹味十足,另一方面仍旧会觉得,如果这个男性不够智性、不够成功似乎就配不起身边那些优秀的女性;我们一方面希望男性不要用单一标准去评价女性,但仍旧会习惯性地用单一标准去评价男性。所以，父权制禁锢女性也禁锢男性，它表面上让女性成了被物化被凝视的对象，但被成功这个目标锁死在结构中的男性何尝不是另一类被待价而沽的物种？相应地，女性主义解放女性更解放男性，因为它也让女性同样有兴趣和机会去了解那些或许不那么成功，没多么出人头地，却依旧真诚有趣的男性，并在上野千鹤子的指导下谈场质量更高，也更纯粹的恋爱。

写到这里，就必须为我对《爱情评论》中的男主肖震道歉。作者在小说里写了一个哥大毕业在CBD工作的女精英，跟一个没正经上过大学的打印店老板苦恋的故事，被我不停吐槽的肖震就是那个打印店老板。当时读小说时总会跟作者嘟囔，这怎么可能？他那么鲁莽粗鄙，根本配不上女主角，能不能至少把他的职业改成上市公司老板？可现在想想，只要在谈配不配得上，其实就已陷入雄竞雌竞的一般套路，因为它背后体现的无非还是我们所反对的父权制下慕强和恐弱的普遍心理。所以，女性主义说到底要表达的，是接受人的多样性和复杂性，接受有人愿意做明星，就有人愿意当观众，接受犀利严肃的女调查记者同样会与文艺的男鼓手产生更多的灵魂共振。在摆脱这些既定标准对男女的评价之后，我们的情感体验甚至对世界和他人的认知是不是也会迎来更多的可能性和开放性？从这个意义上，《好东西》为我们提供了两性关系的全新可能，也因此同样是富有前瞻性和建设性的。

三、隐藏在《好东西》里的好东西

除了对女性和男性的刻画,《好东西》让人感动之处,还有一个女性导演对社会整体的关注,这其实也代表了女性主义者的真正追求:我们所呼吁和鼓吹的绝非两性之间的竞争和对立,而是尽力揭开那些被掩盖的,也尽力改变那些能改变的,并携手创造更公平的规则、更美好的世界。

铁梅为什么放弃了调查记者的工作?小叶的房间里为什么会囤积那么多的可乐矿泉水,甚至遍屋都种满了蔬菜?导演用一语带过的对话,一带而过的镜头揭示着现实,也抚慰着伤痛。当铁梅背着孩子经过上海街头时,街边年轻人正唱着《明天会更好》;当小孩姐的同学举报她一周三次迟到,不能当语文课代表,老师在黑板上郑重写下"举报"二字,要跟孩子们好好谈谈举报。这些细节都让人体会一个女性导演对社会的责任,对所有人的善意,也对更美好世界的期许。因为从根本上,束缚女性的绝不只是简单的父权观念,还有社会整体对于包括女性在内的所有个体权利的漠视。女性处境的改变也不仅要依赖于男性的觉醒,更重要的还有唤起整个体制对包括女性在内的所有个体意志的尊重。上野千鹤子说,女性主义就是一场为社会弱势群体争取自我定义权的运动,所以它绝不仅仅关乎女性。而女性处境的改变,又的确跟一个社会对个体权利的尊重呈正相关的关系,也几乎就是这个社会对多元价值是否宽容,对少数人权利是否尊重的风向标。

歌德说,"永恒的女性引领我们上升",《好东西》的邵导无疑值得这样的赞美。她用电影构筑了一个崭新的世界,在这个世界里,女性依旧会为生活所累,也依旧会为爱情受伤,却更清醒和主动,快乐和痛苦也都更可靠和真实。因为这个世界立基于一种新的规则。在这个规则下,女性可以去征服星辰大海,男性同样可以选择不被成功驱使,我们都不再被"配不配得上"的外在标准所困,所追逐的也都只是那些让我们开心快乐的好东西。这样的新世界又有谁不喜欢呢?所以,没有理想世界,我们就自己建立一个新世界;受困于旧规则,我们就自己建立一套新游戏,这张电影票就是我们投给新世界和新游戏的选票。

从现在开始书写更有想象力的新故事

陈碧看《好东西》《初步举证》

以往女生聊天，总是聊男人，并且多以这样的评论作为结尾："男人没一个好东西。"《好东西》里的歌手小叶可不这么看，她喜欢谈恋爱，她说"男人还是挺好玩的"，并且，"如果能让你开心，那就是好东西"。而另一个大女主单亲妈妈王铁梅说："这个世界上哪件事不比男的重要？"——少聊男的，多想正事；"我们就是课间十分钟的关系。"——结束了还有更重要的事。

片子里出现了各种东西，无论女性、男性，被物化之后都是"东西"。但这就一定是不堪的吗？女性已经被物化太久了，男性也试试被物化、被当成"东西"的感觉如何？不论男女，都可以跳脱出原来的价值体系，不评判，去关注东西本身，就会发现"真的挺好玩"。

这就是我打开这部电影的方式。它的英文片名 *Her Story*（《她的故事》），如此简单直接又轻松明快，从女性视角点评了女性主义、男色消费、单亲妈妈、传统性别分工、母职绑架等议题。电影用了女性最熟悉的交流方式，在沙发上、在餐桌旁、端着酒杯、吃着面，你一言我一语地聊着，生活就慢慢地呈现出"好玩"的样子。

属于女性导演的时代来了，我走出影院的时候想。二十年前小妞导演徐静蕾也只能拍《一个陌生女人的来信》而已，按本剧的价值观，那纯粹是"有毒的东西"。徐静蕾也未必信那一套，但她没机会创造出自己的叙事。邵艺辉赶上了这个美好的时代，温和的冒犯也好，剧场里的女性主义脱口秀也罢，她和她镜头下的男男女女都很难被定义。不再受制于正确和传统，《好东西》里确实有些好东西和新东西。

一、性教育：片子里都是这样的

先从严肃议题聊起。我们的性启蒙是从哪里来的？据调查，大部分男性是被小黄片性启蒙的；而女性，要么被同样的小黄片启蒙，要么被启蒙的男孩再启蒙。所以，当无人进行严肃更正的时候，大部分人都认为片子里演的理应如此。

有人认为，成年人可以区别幻想和现实，即便色情片中出现暴力镜头，这也只是影像，不会照进现实。但现实是，女性被剥夺了她们讲述自身性感受的机会，所以男性很容易认为，她们应该跟片子里呈现的一样"喜欢这样"。

这一幕在电影中得到了呈现：小马撕破了王铁梅的衣服，王铁梅很生气："你为什么要撕我衣服，这衣服很贵的，你想撕为什么不撕自己的？"小马有些蒙："我看片子里都是这样的，我以为你们喜欢。"

同样，在《初步举证》中，被害人描述男方压住自己的手脚，捂住自己的嘴巴，强行发生性行为。这一幕同样在很多激情戏里反复出现，似乎正常的性爱也可以如此。请注意我说的是"似乎"，这不代表具体的个体。人群中既有电影《小心肝儿》里喜欢安全条件下的性暴力的女性，也有《初步举证》里说"不就是不"的女性。但文化惯性没有这些区分，在各种文本和影像里渲染的就是男主导—女被动、男强势—女接受的经典模式，在这个过程中使用一点轻微暴力是被允许的，这是男子气的表现——"一种有毒的东西"。

女性主义法学家凯瑟琳·麦金农认为，色情片教男人把女人的"不"当作"半推半就"，对于说自己被骚扰或者侵犯的女人百般怀疑；把反抗当作羞怯，把羞怯当作邀请。最后还总结，她们喜欢这样。

我认为，不仅仅是色情片，连一些爱情片也对此做出了贡献，其中反复呈现的征服模式会内化为大多数人的性脚本，以为"性即支配"。这不仅增强了性行为中的暴力倾向，也削弱了我们的道德抵制。

这种性启蒙的后果就是，埋下了对女性控制、歧视、暴力、虐待、侵犯等不公对待的种子。从这个意义上，男人也是被塑造的，他们也活在色情片和父权制的影响下。如果排除掉主观恶意、强行发生的侵犯行为，会不会男人也分不清对方喜欢还是不喜欢，分不清自己是受欢迎的还是被拒绝的，分不清调情与骚扰、风情与拒绝、性和性侵之间的距离？刑法可以解决那些恶劣的个案，但职场中、校园里、熟人之间的男女距离到底如何定义才是安全的？

讨论这个问题，是因为在我的律师生涯中，遇到过一些男性当事人真诚地认为，自己得到了允许和同意。在他们眼里，女性当然是会装作羞怯的，他们如果在这个时候停下来，显然就是不识时务。事后他和"强奸犯"或者"性骚扰"沾上了关系，他百口莫辩。不管能否脱罪，他都对这个女性恨之入骨。但他们很少扪心自问，在那个过程中有没有感受到拒绝，有没有获得同意？

这就是最困难的部分，性同意不是一个简单的"是"或"否"的问题，性与控制是伴生在一起的，它深植于权力、文化和个人心理的复杂结构中。如同《性权利：21世纪的女性主义》一书的作者所言，某种社会心理结构"让男人想和那些并不真的情愿的女人上床，让他们感觉克服女人的抵抗是他们的职责所在"。问题变成了，男人为什么觉得他们必须要在两性关系中坚持、主动、推进？以至于会误读女性的同意，甚至觉得女性这种时候都在"演戏"？

我很想知道这是谁教给他们的？想来想去，大概这就是流行的性征服脚本。这种脚本之所以具有如此强大的破坏力，正是因为它植根于整个文化体系的土壤之中，它构成了男性的认知体系，也塑造了女性的部分认同。这体现在，一些女性身上存在着"男性视角"的内化，再投射到自身和同类，比男人更为严苛，可谓刀刀见血。

我一直关注女性议题，讨论过多个涉及性骚扰、情感控制、性侵的案件。我发现，由于女性也一直生活在这样的文化环境中，使得她们即使拒绝也并不明显，所以往往不是完美的受害人，要在揭发或者报案之后遭受"荡妇羞辱"或是"百般怀疑"，甚至遭遇罗生门。因此，罪与罚的模式并不是不重要，但法律可能并不是解决两性平等关系的最佳武器。要改变男性的认知，要改变社会的认知，需要做些什么？

《好东西》中看到了积极的回应，女性终于发出了明确的声音。当小马说以为女人喜欢这样的时候，铁梅说"我不喜欢"。这就是真正的改变。当女人明确说不的时候，她也教会了男人必须严肃对待。因为性别是通过反复表演建构的，有太多女性已经习惯被动和接受，这又强化了男性的自以为是——当女人明确说不的时候，她才教会了男人必须正视女性的意愿，而不必"我以为你喜欢"。

电影里紧接着的，才是最具有法律意味的一幕。小马有些委屈地说："我要是停下来问，不是很破坏气氛吗？"这经典地致敬了美国加州SB967号法案。2014年9月28日，加州州长签署第967号参议院法案，要求接受州财政拨款的大学和学院必须在校园反性侵规则中适用积极同意标准。这就是"Yes means Yes"，在这个标准之下，只要性行为进行前没有获得女性的Yes，就构成性侵。

在课堂上，我跟学生们讨论强奸罪的核心构成要件时，会讲到从最大反抗说、合理反抗说到消极同意说和积极同意说的发展过程。谈及最后这个积极同意，我会开诚布公地说这个标准过于前卫、激进，并未被广泛采用。学生们的评价是"确实不现实，破坏气氛"。作为老师，我没有找到有力的反驳。结果在电影里,铁梅的回复很干脆:"气氛只会被不礼貌破坏,不会被礼貌破坏。"现实中可能很少有人会这么认真,但导演能把这句略显生硬但很重要的话放到如此关键的时刻,我大受震撼。

法律可以惩罚违背意志的性行为,但并不是非要靠法律才能解决这样的问题,它可以通过更大众的影像,比如《好东西》这样的电影进行传达。因此我希望它的票房更高一点,让更多的人看到这一幕:女人可以说不,而男人必须尊重。

在尊重女性意志这一点上,剧中人的态度比我们的普法宣传更有示范作用,而小马的"知错就改"也令人莞尔。女性的主体意识崛起真的会造成"两性对立"吗?我没那么悲观。在我看来,未来不管男性女性,都会收获更多的平等关系,而不是主从关系、依附关系或者内外关系。对于双方而言,这都是一种更轻盈的、更接近爱情本质的关系。

二、性和爱:不够解放的女性

电影也谈到了性和爱。从女性视角,如果觉得男人好玩的话,应该怎么玩?谈恋爱很快乐,但是谈恋爱是不是一定要图点什么?需要找一个配得上的人谈吗?这个配得上的标准是谁定的?一定是奔着婚姻去的吗?性和爱可以分离吗?一旦分离,这是物化男性吗?还是女性的性解放变成了男性对女性的性剥削?

这一系列的拷问,电影里有,在现实中我的朋友们也曾经热烈讨论过。我所在的群体是70后,而导演是90后,这说明在传统婚恋观以及道德威权之下，再强大的女性，不管老中青，都难免会被主流价值观绑架，陷入自我怀疑和撕裂。

剧中有多个细节可以看到女性面临的多重束缚与规训。比如，铁梅评价自己和小马之间是"肮脏的关系"，茉莉评价小叶"倒贴"，以及小叶评价小马"配不上铁梅"。这太真实了，真实地发生在我们的生活中。

铁梅结识了鼓手小马，与他建立起一段"课间十分钟"式的亲密关系。这本来没什么大不了，但当小马想再进一步的时候，铁梅评价说"这是肮脏的关系"。性要和爱结合，不长久的性就是肮脏的，这是道德威权下被驯化的好女人。

而为什么有人评价小叶是"倒贴"呢？因为她什么都没得到。这个评价的潜台词就是性行为的女性一方有资格获得回报。有人要钱，有人要爱，有人要承诺，有人要名分。同样的一段艳遇，对于男人可能只是皮带的搭扣松了，对于女人就可能是开启一段亲密关系的机会。一个女人再怎么随便也不可能像男人一样随便。男人为了最大限度地散播基因，而女人即使目的不是结婚或者繁衍，她们也更为谨慎，这是雌性的本能。所以才有老话说——"别倒贴"。

邵导很喜欢刻画女人的口不对心。在《爱情神话》中，格罗瑞亚对白老师说，"我很危险的，你不要爱上我"，回头便是对着镜头惨淡一笑。而《好东西》中的小叶，她似乎是清醒的恋爱脑，把爱情当玩耍。得知男友是个浪子，不准备进入任何一段严肃认真的恋爱关系，她马上撒谎说自己已经结婚生子，更不可能跟他进入稳定的关系。撒谎拖一天是一天。两人于是一拍即合,关系得以继续。但小叶实际仍然感到受伤。这还不够撕裂吗?

至于小马到底配不配得上铁梅这个问题,认真你就输了。这些匹配标准不也是雄竞的产物吗?裁判是谁?无论是智识还是收入还是阶层,是肌肉男还是暖男,这些都是被塑造的主流的择偶和婚恋标准。借用上野千鹤子的话,慕强就是男权社会有毒的东西。别跟他们玩,我们来创造一套新规则!

老实说,我也不知道这套新规则会是什么样的,因为它前所未有,但是充满无限可能。我们当然有理由期待女性比之前的男性制定出更好的规则,更公平,也更有想象力。

三、一千种女性:单亲妈妈和恋爱脑之外

有人说,本片就是讲述一个单亲妈妈和一个恋爱脑女生的故事。但我不这么看。因为导演的视角并不只停留在这两个人身上,她着眼的是女性处境。

讨论女性处境,必须考虑交叉性。当我们说交叉性的时候,可以体现为这个人的多重身份,比如王铁梅,她既是茉莉的妈妈,又是需要性的女人,还是职场上无性的管理者。但交叉性,更重要的是要关注差异,要去关注同时具备这个特性的其他人群,超越教育水平、收入水平、城市乡村甚至性取向。

因此,当我们讨论单亲妈妈的时候,除了片中的王铁梅这样能把孩子管好也能把事业干好还能顺便帮助身边人的大女主,还有那些压根儿不懂上野千鹤子的连抚养费都成问题的单亲妈妈，还有更多"看不见的单亲妈妈"——"因为不被看见的，还谈不上重复"。当我们讨论小叶这样的年轻的恋爱脑时，还有被爱情小说毒害的粉红女孩、家暴环境中长大的内心缺爱缺安全感的女孩、被人性骚扰不敢反抗的打工女孩……

在单亲妈妈和恋爱脑女孩之外，还有一千种女性的面貌。如果我们只关心自己最熟悉的群体，我们的目光就太狭窄了，那么本片就只迎合了有一定精英色彩和小资情调且关注女性主义思潮的都市男女，所有的叫好声可能都只来自同温层。也许本片就只帮到了有限的女孩，Her Story 就无法变成 Our Stories。

所幸邵导在片中进行了回应，看得见的和看不见的，都是我们应该关心的。导演借王铁梅的口说出："老强调女性悲惨叙事，不利于改变女性处境。而变成谷爱凌母亲那样的女性英雄叙事，则是从一个极端到另一个极端，属于无效叙事。"

是的，一千种女性的形象，会在电影故事里，在我们身边的故事里，作为主角出现。

有人说，电影里的金句、段子过于密集，像脱口秀，也像爆款爽文。比如"追忆过去是油腻的开始""什么是男子气概？有毒的东西""我不打拳""男人不是天生的，男人是后天塑造出来的""我正直勇敢有阅读量，我有什么可怜的"。

令人印象深刻的，大都来自餐桌旁的大段对白，妙语连珠，导演的语言和思想借由对白完成了表达。通常认为，在故事里进行大段的价值输出是大忌，因为故事要靠细节铺陈。金句会消解故事的冲突，使得人物形象没那么真实。但《脂砚斋评批〈红楼梦〉》比《红楼梦》本身更好看，《好东西》中不太真实的餐桌对话虽然跳出了真实，但会出现一些真实传达不了的东西。

比如在电影结尾，小叶对茉莉和玛雅说："我会好好活着，等你们长大，建立一个新的游戏。"这句话也有点突兀，但是很重要。它是个要被高亮的句子，提示我们现在的世界和现在的游戏是以男性为中心的，我们手中只有男性叙事，只有His Story。当女性试图建立一种新的游戏、新的叙事，它应该是什么样的？

我走出影院时忽然意识到，这个故事本身也许就是新时代的序章。热热闹闹地生活；爱的时候要投入，工作的时候也是；跟孩子平等地讨论各种议题；允许当观众；允许搞砸；允许不够好……占星师说我们已经进入水瓶时代，而水瓶时代是革新的时代，必须要颠覆、打破传统。一切过去认为理所应当的事情在新的时代里都会逐渐成为过去。女性会用一种温柔、反叛又坚定的方式，书写更有想象力的故事。

希望你观影开心。

让你开心的，就是好东西，我也为你开心。

只有爱与友谊才能让召唤成为现实

罗翔读《柳林风声》

在一个春光明媚的假日,我重读了英国作家肯尼斯·格雷厄姆的儿童文学经典《柳林风声》。这是一本出版于1908年的童话小说,书估计大家不陌生,不少人小时候都读过,但可能当时只是被迫。

阅读本书时,很容易把自己带入进去,成为那些小动物中的一员,和他们带着野餐泛舟,乘着马车冒险,围坐在温暖的炉火旁,喝着一杯刚刚沏好的热茶。虽然是一本儿童文学,但《柳林风声》给我带来一种安定的治愈感,那种纯真的友谊,时刻警醒我保持真诚。

柳林四季分明,生活平静欢欣。但作者度过了艰难的一生。他本来想读医学院,但被拒绝,后来成了一名银行职员。作者饱受疾病折磨,孩子也死于自杀。很多时候,那些给人带来快乐的人,是因生活的重担,让他们知道只有笑看人生才能对抗荒谬。

《柳林风声》的故事很简单,春暖花开之时,鼹鼠正在做春季大扫除，他被春天的气息所吸引，来到林间，在一条大河旁遇到了水鼠。水鼠聪明友善，邀请鼹鼠坐上自己的小船，一同泛舟野餐，开启一段生命的奇妙之旅。在水鼠的陪伴下，这个春天里，鼹鼠学会了与流水作伴的欢乐，他开始能听懂风在芦苇中的声音，听到芦苇们的窃窃私语，水鼠和鼹鼠成了好朋友。

春日最美妙之事不就是和好友们聚会聊天出游踏春吗？孔子当年和学生聊天，问学生的理想。子路的理想是强兵，"千乘之国，摄乎大国之间，加之以师旅，因之以饥馑；由也为之，比及三年，可使有勇，且知方也"。冉有的理想是富国，"方六七十，如五六十，求也为之，比及三年，可使足民。如其礼乐，以俟君子"。公西华认为自己理想稍微小点，是外交礼仪，"非曰能之，愿学焉。宗庙之事，如会同，端章甫，愿为小相焉"。孔子对这三个回答都不怎么满意。轮到曾皙，曾皙说自己理想和前面三个人都不一样，很小很小，"莫春者，春服既成，冠者五六人，童子六七人，浴乎沂，风乎舞雩，咏而归"。也就是春天的时候，和朋友穿上春天的服饰，游游泳、泡泡澡、吹吹风、唱唱歌。孔子高度赞扬了曾皙的理想，为他点赞投币。夫子喟然叹曰："吾与点也！"所有宏大的理想最终都要归结于具体人的幸福生活。

有一天，鼹鼠在水鼠的带领下拜访了蛤蟆先生。蛤蟆先生住在豪宅里，他虽然心地善良，但狂妄自大，是一个虚荣的富二代。蛤蟆先生向朋友们炫耀他刚刚买的豪华马车，并带着朋友们兜风。结果刚出门，马车就被汽车撞碎。但蛤蟆先生一点也不心疼，也没有在意摔得够呛的朋友，反而中了邪一般对汽车着迷。从此，蛤蟆先生开始疯狂地买车飙车，即便被多次罚款，甚至被逮捕，也没有让他清醒。最后，他因为偷开别人的车辆被人类的法庭判刑，祖传的豪宅也被黄鼠狼霸占。

虽然蛤蟆先生如此自负，不听劝告，沉湎于对自己的"才华"和财富的虚荣之中，但是他的朋友：鼹鼠、水鼠、老獾们……却始终没有放弃蛤蟆先生，他们一次又一次地劝导、帮助，帮他夺回了自己的豪宅，想尽办法告诉他关于世界和自我的真相，最终那个虚荣狂妄不可一世的蛤蟆先生终于幡然醒悟。在我看来，《柳林风声》虽然是一部儿童文学作品，但其实也是一本经典的成长小说。

我在蛤蟆先生身上看到了自己。蛤蟆先生崇尚自由，个性张扬，是一往无前的冒险家，他的本性有善良的一面，所以他才能拥有这些对他不离不弃的朋友。但蛤蟆先生也是狂妄虚荣的人，我非常理解为什么明明上一秒，朋友们已经说服了蛤蟆先生走向正道。但是下一秒，蛤蟆先生却依然狂热地宣称，自己看见了一辆汽车，迫不及待上去开走。

人很难避免虚荣，一个人越是想摆脱虚荣，就越是会陷入虚荣的旋涡之中。有的时候你会觉得拥有的一切都是你所应该拥有的。你会在狂妄的道路上一路狂奔，尤其当你不小心被命运拖到聚光灯下的时候，你更是有一些陶醉，更是难免会有一些失控的时刻，陷入虚荣，不能自拔。这本书不断提醒我，不要试图独自去对抗虚荣，而是应该转过头去谦卑地请求朋友们的帮助。苏格拉底说，认识你自己，这是所有人生和事业的起点。但是问题在于人其实很难认识自己。无论在你春风得意，意气风发之时，还是在灰心失望，愁容满面之刻，只有真正的朋友才会帮助你认识你自己。

书中有这样一段情节，在朋友们的帮助下，蛤蟆先生夺回了属于自己的房子。按照惯例他应该举办一场宴会。然而，在写请帖时，蛤蟆先生又犯了虚荣的老毛病。他在请帖上大谈特谈自己的"光荣事迹"，并列出日程表，又是演讲，又是致辞，还有演唱，估计到时还有诗歌朗诵。睿智的朋友们怎会看不出蛤蟆先生的小心思？这些虚荣的请帖都被他们半路拦截下来。

这段情节很像我之前的一次经历。有一次，我和朋友吃完饭，正好遇到有学生索要签名合照，我有点得意，但朋友嘲讽道："你很享受现在的虚荣吗？"我当时羞愧万分，好像突然从虚荣中醒来。有次也是这位朋友批评我的文章，我很生气。但是，我马上想起了蛤蟆先生。脑海中浮现出《魔鬼代言人》的经典结尾——魔鬼说："虚荣，我最喜欢的人类的原罪。"朋友间真诚的批评是如此的宝贵，因为它足以戳破你自以为是的幻象。

作为知识分子，我们时常觉得自己可以拯救世界，但是也许我们连自己也无法拯救；我们怀揣着对世人的博爱，但是也许我们无法真正地爱我们身边的每一个具体的人。《柳林风声》提醒我友谊的宝贵，因为只有友谊才能让我将抽象的理想融入对具体人的关爱中来。

当然,《柳林风声》里不只有我讲述的这一个故事。我想,也许你也完全可以把阅读这本书的过程当成一次轻松的郊游,不用去思考什么更深的哲学,只是单纯地享受春日时光。但假如你也有一些时刻,像蛤蟆先生那样,在自己看重的事物上,投入了没有边际的价值,或者因为一些命运的机缘巧合拥有了令人欣羡的成绩,而骄傲自负,把虚荣当成了生活的真相时,这本书里有一个真诚的建议:友谊能让我们走出自恋,拥有前行的力量。

这个世界有那么多的人,但你我可以相逢,这一切,都让人感到温暖。

《柳林风声》有一段很打动我——

水鼠听到了一种召唤,他时常会听到这种召唤。"今天,凝望着南方,一种新的渴望却在他心中躁动,那悠长低矮的轮廓上方,清澈的天空似乎也在颤动着承诺之光。今天,看不见的东西成了他的一切,未知的东西才是唯一真实的生活。"

四海漂泊的老鼠也鼓励水鼠:"至于你,小兄弟,你也会来的。因为即便光阴不复返,日子一天天过去,南方依旧在等着你。在无法挽回的时光逝去之前,听从召唤,冒一次险吧。"

水鼠会听从命运的召唤吗?《柳林风声》没有告诉我们答案,但可以肯定的是,只有爱与友谊才能让召唤成为现实。

对 AI 保持警惕，对自我的灵魂保持养育

罗翔读《卡尔弥德篇》

这段时间，各行各业的朋友都有一种职业的危机感，认为自己的工作迟早会被 AI（人工智能）取代。有同事悲叹，身处 AI 时代，教师这个行业迟早会消亡，文科的衰败不可避免。人们只要学好如何运用 AI 就已经足够，AI 技术俨然成为新时代最重要的知识，似乎已是万知之知。然而，果真如此吗？AI 时代的文科通识教育该往何处去，确实是一个值得认真思索的问题。

一、关于知识的知识

我想起了柏拉图的《卡尔弥德篇》，书中苏格拉底和几位年轻人在讨论何谓明智，是否存在一种关于知识的知识？在这个对话中，有名有姓的出场人物有四位，除了苏格拉底，还有三位年轻人，分别是卡尔弥德、格里底亚和凯瑞丰。卡尔弥德是柏拉图的亲舅舅，出生于名门望族。当时的卡尔弥德十八岁，长得非常俊美，颇有才气，追随者众多。格里底亚是卡尔弥德的堂哥和监护人。公元前 404 年，也就

是这个对话的二十五年后，雅典在伯罗奔尼撒战争失败，以格里底亚为首的三十人篡夺了雅典的政权，史称三十僭主，实施恐怖统治。八个月后，三十僭主垮台，民主制恢复，格里底亚被处死。卡尔弥德也是三十僭主的骨干，他在比雷埃夫斯港的决战中被民主派杀死。所以，这篇对话也可以看成是苏格拉底对两位未来僭主的教育，让他们有所节制。凯瑞丰也是苏格拉底的学生，就是他去雅典的德尔菲神庙请教祭司，问是否有人比苏格拉底更有智慧，神谕的指示是没有。苏格拉底为了验证神谕，走向了哲学的道路，他意识到神谕的意思是承认自己的无知才是真正的智慧。

对话发生的时间和《理想国》一样，都是"昨天"。每一个今天都会成为昨天，每一个明天也都会成为今天，时间不过只有过去的今天，现在的今天和将来的今天，只是当我们走向每一个即将到来的今天，我们都要对昨天有所思考。对话发生的地点是角力场，角力场是练习摔跤的场所，本是为战争做训练的地方，但在苏格拉底生活的年代，角力场也变成年轻人交流和辩论的场所。真正的辩证法也是观点的摔跤术，只有通过正反观点的交锋，我们才能接近对真理的认识。如果说未经审视的人生不值得一过，那么未经反驳的观点也不值得一信。遗憾的是，如果脱离了对真理的追求，辩论也就只是一种语言技巧的切磋。对话的主题是论明智，明智是古希腊的四大美德之一。希腊文"SŌPHRO-SUNĒ"有多重含义，如明智（Wisdom）和节制（Temperance）等。对话的缘起是卡尔弥德的出现，他被誉为当时雅典最美的少年，苏格拉底遭遇了强烈的爱欲挑战，但是他的理性节制了他的欲望。当众人为卡尔弥德的美"大惊失色，手足无措"之时，苏格拉底却提醒众人，真正的美不仅仅是外在的美，更重要的是内在的灵魂之美。作为卡尔弥德的监护人，格里底亚认为卡尔弥德不仅相貌出众，在明智方面也是首屈一指。苏格拉底于是和卡尔弥德展开了关于明智的讨论。

卡尔弥德因为头疼，所以格里底亚让苏格拉底假装医生给卡尔弥德治病，苏格拉底自然知道自己不是医生，他了解自己知识的边界。苏格拉底认为身体上的疾病在很大程度上是灵魂上的疾病所致，"而要治疗灵魂必须使用某些咒语，这咒语就是美好的话语"。苏格拉底首先问了卡尔弥德一个问题，问他是否真的具有明智的美德。如果卡尔弥德给出了肯定性的答案，那只能证明他的灵魂已经病入膏肓。如果他的答案是否定的，那么他的灵魂还有药可救。但是卡尔弥德给出了一个模棱两可的答案，"如果说我不明智，那是糟蹋自己，我觉得不合理，而且那也是反驳格里底亚……如果我说我明智，那是恭维自己，我觉得不礼貌。所以我不知道怎么答复你"。用今天的话来说，卡尔弥德情商很高，他不想冒犯任何人。同时，他也具有讨好性人格，他很懂说话的技巧，但不在乎语言所指涉的真实。

苏格拉底开始询问卡尔弥德何谓明智。卡尔弥德分别给出了明智的三个定义：沉着、谦逊、做自己的事。前两个定义来源于卡尔弥德的经验性描述，后一个定义则来自格里底亚的道听途说。然而，经验性描述不过只是部分的人类经验，很容易被驳斥。经验世界就如《理想国》描述的洞穴世界，充满着幻象。康德说，它是令人作呕的大杂烩，人类的经验无法给道德提供确定性的基础。

当卡尔弥德关于明智的两个经验性描述被苏格拉底驳斥，他立即提出了第三个定义，也即"明智就是做自己的事情"，他直言不讳这个定义是从别人那听来的，这个别人就是格里底亚，所以关于"明智"的讨论自然转手于格里底亚。"做自己的事情"恰恰是苏格拉底在《理想国》中关于正义的定义，当城邦中的民众各安天命，各尽其职，城邦就是正义的。当个体灵魂中的理性、激情和欲望保持和谐，个体也就是正义的。格里底亚向来以苏格拉底的代言人自居，经常会兜售苏格拉底的哲学金句，然而当这些金句一旦脱离具体的语境，含义就会发生偏离。

面对苏格拉底关于什么叫"做自己的事情"的追问，格里底亚抛出了明智的第四个定义——"做好自己的事情"。格里底亚的"好"是一种结果意义的利益，也就是做对自己有益的事情。苏格拉底马上追问格里底亚"好的事情"与"自己的事情"是什么关系。比如医生给病人开了对症的药物，最后药到病除，医生得到了患者的感谢，并获得了经济上的回报，这自然对医生有益，也对病人有益，格里底亚认为这就是"做好自己的事情"。但如果患者不仅不感恩，反而举报医生开的药超过报销范围，医生后来被处分。那这还叫做好自己的事情吗？

格里底亚再次搬出苏格拉底的金句作为挡箭牌，提出了明智的第五个定义：认识你自己，有自知之明就是明智。格里底亚深得智者学派的精髓，立场并不重要，定义也无意义,重要的是在辩论中取胜。这很像今天网络上的各种争论,用他人曾经说过的只言片语来攻击他人,根本不在乎这句话的语境之所在。苏格拉底所说的"认识你自己"在于认识到自己的有限,而格里底亚的"认识你自己"则是认识到自己的无限。前者是一种理性有限的谦卑,后者则是理性过度的狂妄。苏格拉底把德尔菲神谕作为对人的命令,让人在神灵面前时刻保持谦卑。人不是神灵,人终有一死,所以勿要过度。但格里底亚狂妄地认为神谕只是神灵和人打招呼而已。当神谕从命令变成问候,人也就与神灵同等。

当苏格拉底继续追问"认识你自己"的含义,格里底亚抛出了关于明智的第六个定义,毫不掩饰地表达了自己无节制的欲望,那就是对全能性知识的向往。他表明了自己对明智的真实理解,"明智就是知识的知识,也就是关于他自己的知识",这是一种驾驭一切的知识,当人拥有这种知识,自然就可以拥有无限的权力,开启上帝视野。

面对这个醉心权力的未来僭主,苏格拉底做了最后的规劝。他提醒格里底亚,如果真的存在关于知识的知识,那么它既包括知道,也包括不知道。正如算术有奇数和偶数,那么关于知识的知识也应该是一种关于知道与不知道的学问。"明智,有自知之明,就是知道自己所知道的和不知道的事。"因此,最接近万知之知的明智就是这种"知己无知"的否定性智慧。另外,即便真的存在关于知识的知识,那么这种全面性知识也无法取代专门性知识,对于拥有全面性知识的人,除非他还懂得类似医学的专门性知识,否则这种全才性的所谓明智之人也无法区分良医和庸医，好药与劣药。因此，即便有全才性的明智之人，也应该放手给专业人士，让专业人士做专业的事情。所以，明智这种看似无所不包的全才性知识其实没什么实际用处。然而，未来的僭主并没有听取苏格拉底的建议，对谈最后不欢而散。

人类的理性有其固有的局限，我们必须对未知保持足够的敬畏。在《枚农篇》(也译《美诺篇》)中苏格拉底提出了一个著名的知识悖论：

> 一个人不可能去寻求他所知道的东西，也不可能去寻求他不知道的东西。他不能寻求他知道的东西，是因为他已经知道了，用不着再去寻求了；他也不能寻求他不知道的，是因为他也不知道他应该寻求什么。

AI可以在已知的基础上去扩大知识的范围，但是无法从无到有获得一个完全的新知。这就是为什么科学研究不仅仅需要理性，还要直觉和灵感。爱因斯坦说："物理学家最大的任务就是去寻找那些最普遍的规律，人们只用演绎，就能根据这些规律推导出一幅世界的画面。通往这些规律的道路并无逻辑可言。人只能靠直觉，其基础是一种对知识的热爱。"通过直觉和灵感获取的新知更像是一种从无到有的经历，它需要神来之笔的灵光一现。这就类似于《理想国》中走出洞穴的著名比喻，当所有的人都被囚禁捆绑，不能动弹，只能看到眼前洞壁上事物的影子，但有一个人被松了绑，看到了后面的火堆。囚徒被一种未知力量解绑。随后，有人"硬拉着他走向崎岖陡峭的坡道，直把他拉出洞穴，见到了外面的阳光"，囚徒走出洞穴依然是被动，而非主动的。这在某种意义上生动描述了科研工作中的直觉和灵感。总之，我们不能以狂妄的理性拒绝未知。就像洞穴中的囚徒，如果有一种神秘未知的力量拉着我们掉头，但是我们执拗地拒绝掉头，因为理性无法给其提供确定性掉头的根据，那么我们也就失去走出洞穴探究未知本真的机会。

在 AI 时代，很多人对 AI 技术也有格里底亚式的错觉，认为 AI 技术就是一种关于知识的知识，掌握 AI 技术的人也就可以成为拥有全能性知识的明智全才。当科技僭主与政治僭主一拍即合，善良的愿望极有可能把人类引入人间地狱。AI 时代，我们更加需要苏格拉底式的文科通识教育，需要知己无知的明智和节制，避免理性的狂妄与自大。总之，真正接近全知的就是知道自己是无知的。

二、反思人工智能的相对主义价值观

苏格拉底的主要哲学对手就是智者学派，卡尔弥德和格里底亚应该非常熟悉智者学派的雄辩术，在《普罗泰戈拉篇》中也能看到两人的身影。智者学派又称诡辩学派，他们不承认真理，属于相对主义，他们用似是而非的智慧来颠倒黑白，玩弄语言，以此攫取财物。普罗泰戈拉是智者学派的代表人物，法学院的学生非常熟悉他的"半费之诉"的故事。遗憾的是，无论是当时雅典的年轻人，还是当下的年轻人，可能都更醉心于相对主义的语言游戏。苏格拉底虽然主张否定性的智慧，承认自己的无知，但一方面他不像虚无主义者那样否定真理的存在，另一方面他也不像独断论者那样自以为是，把自己等同于真理的代言人。苏格拉底通过否定性的智慧来追求真理，并时刻保持一种智识上的谦卑。正是这种谦卑让人既有求知的欲望，又避免了知识所带来的傲慢。然而，在 AI 时代，许许多多的人都如卡尔弥德和格里底亚一般缺乏这种知识的节制，而这本应是文科通识教育的重心所在。

不少人认为，在一个多元主义的时代，价值具有主观性，因此对于 AI 技术，必须持价值中立的立场。然而，这种价值中立的立场本身就是一种价值观，价值中立本身并不中立，它不过以技术中立的幌子掩盖了它相对主义的本质。价值中立主张一切价值具有同等的意义，没有什么是绝对的对，也没有什么是绝对的错，但这种立场本身就具有绝对性。

我问了某著名的 AI 一个问题，什么是邪恶？它的回答是："'邪恶'是一个复杂的概念，不同的文化、哲学、宗教和道德体系对其有不同的定义。"然后，它从多种角度讨论了邪恶，最后得出的结论是"邪恶并非一个单一的、普遍适用的概念，而是随着文化、信仰和哲学立场的不同而有所变化"。于是我又问它："有没有客观意义上的邪恶？"它的结论是没有结论，要根据个人的立场来进行判断。然后，它非常鸡贼地把皮球踢给了我："你的看法呢？你觉得邪恶是客观存在的吗？"这看似一个非常优秀的答案，把所有的观念展示给你，让你进行选择，但其内在逻辑依然是相对主义的多元包容，最终的答案是没有答案。

我们生活在一个开放包容的时代，所以我们本能地认为所有的观点和立场都具有同等的价值，然而"接纳不同观点的存在"和"接纳不同观点"是不同的，正如"认可他人有持不同立场的权利"和"认可他人的立场"也是两码事，不能混为一谈。你可以主张童婚，这是你的言论自由，但是并不代表我必须认可你的立场，如果我对此提出反对，这并不是独断不宽容的表现。宽容有两种，一种是确定主义的真宽容，另一种是相对主义的伪宽容。前者认为有对错的标准，并不强求他人接受，只是必须表达自己所坚持的对错。后者认为没有对错标准，一切观点信仰都具有同等价值。对于后者而言，如果有人坚持自己所相信的观点为正确（如童婚是错误的）就会感到被冒犯，并认为对方不宽容。但显然后者已经预设了一个不可动摇和挑战的立场，也即没有对错就是绝对的正确，任何对此立场提出反对的，就会被贴上不宽容的标签。这其实陷入了逻辑困境，属于自相矛盾，以其所坚信的相对主义立场来拒绝非相对主义的言说，并把与其不同的立场全部斥之为不宽容。

AI技术表面上是亲和多元的不预设立场，但事实上它的立场就是相对主义。所以，当我继续追问："那你认为，有没有客观上的邪恶呢？"它的回答是："邪恶并非绝对客观，但它有一定的普遍性……邪恶并不像物理定律那样是客观的、不可改变的。但它也不是完全主观的，因为人类天性、社会合作和伦理发展，让某些行为几乎总是被视为邪恶。"这个回答看似折中，但难道真的没有立场吗？所以，我又追问道："你这不就是相对主义吗？"它没有办法，只能如实回答："我的观点更接近于一种有限的客观主义或普遍主义倾向的相对主义。"

切斯特顿说："一个开放的社会就像一张张开的口，合下来的时候一定要咬住某种坚实的东西。"只是对很多相对主义的伪宽容者而言，除了认为"相对是绝对的"以外，并不承认有任何确定性存在，他们往往会认为那些主张存在确定性对错的人是一种具有冒犯性的道德绑架。但这里的问题是，相对主义者对拒绝相对主张的反感不也是一种变相的"相对主义的非道德绑架"吗？穆勒在《论自由》中提醒我们，虽然你可以表达你自己的个性，但是他人也有批评自由。很多人喜欢彰显个性，但很难接受他人的批评，这在逻辑上是不自洽的。你可以自由地表达个性，表达对一切的不屑，他人自然也可自由地对你进行批评。批评不等于强迫，虽然道德更多是一种自律，但并不意味着道德自律者不能自由表达对他人言行的批评，否则就是以相对主义来绑架他人，强迫他人必须接受相对主义的观点。总之，评价对错不是道德绑架，相反，拒绝对错的评价才是一种"相对主义的非道德绑架"。

当 AI 以技术中立之名采取了实际上的相对主义，文科通识教育的一个重要目的就在于对这种流行的相对主义有所反思。这并不是说你必须接受非相对主义的价值观，而是你必须在有所选择，有所甄别，有所思考的情况下，决定是否接受这种流行的立场。如果你认为AI所提供的立场就是唯一的立场，那么苏格拉底式的教育也许能帮助你突破这种遮蔽。

三、启发、假设与相信

苏格拉底自称自己是真理的助产士，他认为启发而非灌输才是最佳的教育方法。其实对于人工智能的使用者而言，最重要的也是学会提问。在科学研究中，提出合理的假设尤其重要。科研工作是先有假设性的结论，然后再对结论进行验证。假设本身就是对理性至上的一个挑战，因为假设的前提是相信，而这是科学研究的第一步。只有相信世界是理性的，自然界具有普遍性的自然规律，科学研究才有可能。科研的目的在于验证自己对于世界存在客观规律的相信。因此，相信一定在理性之前。因为相信，所以理解；而不是因为理解，所以相信。很多人认为只有理解之后才能相信，其中真正的逻辑是他相信他理解了之后会相信，因为理解之后完全可以选择不相信。当老师告诉你历史上存在秦朝，你只能先选择相信老师的结论，然后用自己的理性去验证。如果你先搁置相信，认为如果理性无法得出确定的结论就永不相信，那么对于秦朝是否存在将永远处于一种怀疑状态。即便有人拿了大量的出土文物和文献记录告诉你秦朝的确存在，你依然可以选择怀疑，认为这一切都是伪史。

作为法律工作者，一个首要的问题就是相信正义。在《理想国》中苏格拉底认为正义确定存在，他说正义就是那种最好的东西，它行为本身是好的，也一定会带来好的后果。但诡辩论者色拉叙马霍斯认为正义只是强者的利益。在苏格拉底看来，在经验世界中好的行为不一定会带来好的结果，但在经验以外的超验世界，在洞穴之外，好的行为一定会带来好的结果。只是对于经验之外的事物，人类必须保持信心。很多人认为，如果正义是经验的，那么理性必然在相信之前。然而，无论是接受苏格拉底式的超验正义，还是色拉叙马霍斯的经验正义，在本质上都是相信在理解之前。对于经验正义，如正义是强者的利益，它依然只是部分的人类的经验，不可能是全部人类经验，理性无法做出确定性的论证，你依然只能先选择相信正义的经验性，然后用理性去验证。

人类所有的学习都是对权威的相信，然后再使用理性去验证。理性的验证会产生对权威的怀疑，怀疑有两种结果：一种是确信，一种是推翻。在今天这样一个去权威化的时代，很多人认为没有权威。然而，没有权威，学习也就不再可能。很多人对权威总有根深蒂固的怀疑，这种审慎的怀疑当然是合理的，但是怀疑本身也值得怀疑，怀疑的终点只能是找到真正的权威，而不可能是去除一切权威的彻底虚无。因为虚无本身也值得怀疑，虚无在逻辑上无法自洽。今天，很多人频繁地使用AI，把AI当作了权威，但是在AI权威与人类权威之间，哪种权威更值得相信呢？生病求医，你是选择人工智能还是人类医生呢？这些问题并不好回答。然而，人生最重要的体验都是人与人的关系，这种体验一定是位格性（Personal）的。比如语言的学习、性爱，都必须借助人际关系。虽然很多人期待 AI 可以替代真实的人类关系，但这不太可能，而且在很大程度上也将导致人类的毁灭。美国名医特鲁多说："有时治愈；常常帮助；总是安慰。"因此，对于医生而言，位格性的陪伴，情感的投入非常重要。人类权威当然可能出错，但是人工智能也不可能完全无谬，我不时发现人工智能一本正经地胡说八道，不知道它是不是学会了人类的狡诈。可以确定的是，如果本着相对主义的价值立场，认为世间没有客观上的对错，人工智能很容易成为苏格拉底所批评的智者学派，玩弄各种语言技巧，用各种似是而非的概念巧言令色。

因此，文科通识教育可以像苏格拉底那样，培养学生对真理的相信，并通过启发式的教育方式，引导学生思考，提出问题，解决问题，走出怀疑主义与虚无主义的迷雾。

四、勇敢选择，敬畏未知

AI 无法代替人类的判断，人无法在理性充足的情况下做出判断。布里丹之驴的故事告诉我们，一只完全理性的驴处在两堆同等数量、相同质量的干草中间将会饿死，因为它无法对先吃哪一堆干草做出理性的决定。即便借助 AI 技术，人类所有重要的选择也一定存在理性有限的局限。很多时候，信息越多，人越不知道如何选择。没有选择，人会痛苦；选择太多，人会更加痛苦。不要幻想借助 AI 技术就能获得做出选择所需的全部信息，做出最为明智的决定。苏格拉底提醒我们，真正的明智是对自己的无知保持足够的开放，并勇敢地做出选择。

真正重要的选择与我们深层次的价值观有关，这个价值观很大程度是通过文科通识教育塑造的。僭主和哲学，如何选择？面对不义的判决，是否应该越狱？痛苦的人生是否应该提前结束？人生中很多艰难的选择无法用AI技术来抉择。正确的选择来源于勇气，而并非单纯的功利计算。在《拉克斯篇》中，苏格拉底和两位将军讨论了何谓勇敢，拉克斯认为勇敢是灵魂的某种坚持，与知识无关。但尼基阿斯则将勇敢等同于知识。苏格拉底采取了折中的立场：一方面勇敢与信念有关。"勇敢就是一种坚持……就是在任何情况下都坚持那些法律通过教育所建立起来的关于可怕事物的信念"。如果没有敬畏，认为一切都只是功利算计，人不可能做出勇敢的选择。另一方面，勇敢又不完全等同于知识，它处于知与无知之间。看到有小孩落水，在知识方面你认识到有危险，但你依然下水救人，这是勇敢。如果你通过算计，理性告诉你绝对没有危险，因为水深一米，于是你下水救人，这不叫勇敢。另外，如果小孩跌入滚烫的钢水，理性告诉你跳进去必死无疑，你依然选择跳下去救人，这也不叫勇敢，而叫鲁莽。虽然勇敢无法完全教导，但它也是文科通识教育的重要目标。无论如何，勇敢的选择是AI技术无法替代的。

人类对技术主义总有一种挥之不去的乐观执念，身处AI时代，我们对于这种技术主义的乐观必须保持足够的警惕，而这恰恰是文科通识教育的意义。文科通识教育需要培养美德，而非单纯的算计，只有美德才能更好地驾驭AI技术，防止它成为作恶的工具。荀子说：君子生非异也，善假于物也。人工智能确实是一种很好的工具。但人不是工具，工具更不应该取代人的地位。在《卡尔弥德篇》中，苏格拉底和卡尔弥德关于明智的讨论不欢而散，卡尔弥德最终朝着僭主的道路一去不返。当哲学和权力争夺年轻人的灵魂，哲学看似一败涂地，一如当前的文科教育。然而，多年之后，在比雷埃夫港大决战中，格里底亚和卡尔弥德被双双处死，他们也许会想起当年与苏格拉底的对话。对无限知识和权力的追求最终只是黄粱一梦，花荣草茂，难逃枯干凋谢的命定，一切都是昨天。

在 AI 技术不断发达的今天，文科通识教育尤为重要，唯此才能更好地使用并驾驭 AI 技术。帕斯卡说：理性最大成就就是认识到理性是有限的。这也许是文科通识教育的根本目标。

本文主要内容原载于
《读书》杂志 2025 年第 5 期

附 录

推荐书单

1. 孔子：《论语》
2. 林耀华：《金翼：中国家族制度的社会学研究》
3. 鲁迅：《而已集》《华盖集》
4. 罗新：《漫长的余生：一个北魏宫女和她的时代》
5. 瞿同祖：《中国法律与中国社会》
6. 王明珂：《反思史学与史学反思：文本与表征分析》
7. 王小波：《黄金时代》《沉默的大多数》
8. 张爱玲：《传奇》
9. [奥]弗兰茨·卡夫卡：《审判》《城堡》
10. [奥]斯蒂芬·茨威格：《人类群星闪耀时》
11. [奥]托马斯·伯恩哈德：《历代大师》《伐木：一场情感波澜》
12. [奥]西格蒙德·弗洛伊德：《文明及其不满》
13. [德]赫尔曼·黑塞：《悉达多》《荒原狼》
14. [德]伊曼努尔·康德：《道德形而上学原理》
15. [俄]陀思妥耶夫斯基：《罪与罚》
16. [法]阿尔贝·加缪：《局外人》
17. [法]雷蒙·阿隆：《知识分子的鸦片》
18. [法]卢梭：《社会契约论》
19. [法]孟德斯鸠：《论法的精神》
20. [法]米歇尔·福柯：《规训与惩罚》
21. [古希腊]柏拉图：《理想国》《苏格拉底的申辩》
22. [美]埃默·托尔斯：《莫斯科绅士》

23. [美]菲茨杰拉德:《了不起的盖茨比》《夜色温柔》

24. [美]黄仁宇:《万历十五年》

25. [美]尼尔·波兹曼:《娱乐至死》

26. [美]史景迁:《利玛窦的记忆宫殿》《前朝梦忆:张岱的浮华与苍凉》

27. [挪威]埃丽卡·法特兰:《中亚行纪:土库曼斯坦、哈萨克斯坦、塔吉克斯坦、吉尔吉斯斯坦与乌兹别克斯坦之旅》

28. [日]村上春树:《海边的卡夫卡》《世界末日与冷酷异境》《发条鸟年代记》《东京奇谭集》

29. [日]井上靖:《敦煌》《天平之甍》

30. [日]三岛由纪夫:《金阁寺》《禁色》

31. [日]远藤周作:《沉默》《深河》

32. [意]切萨雷·贝卡里亚:《论犯罪与刑罚》

33. [英]毛姆:《刀锋》《面纱》《月亮与六便士》

34. [英]石黑一雄:《长日将尽》《莫失莫忘》

35. [英]以赛亚·伯林:《自由及其背叛》

36. [英]约翰·穆勒:《论自由》《功利主义》

推荐影单

1. 《爱在黎明破晓前》(*Before Sunrise*，美国/奥地利/瑞士，1995)
2. 《爱在日落黄昏时》(*Before Sunset*，美国/法国，2004)
3. 《爱在午夜降临前》(*Before Midnight*，美国/希腊，2013)
4. 《霸王别姬》(中国大陆/中国香港，1993)
5. 《悲情城市》(中国台湾，1989)
6. 《辩护人》(변호인，韩国，2013)
7. 《断背山》(*Brokeback Mountain*，美国/加拿大，2005)
8. 《海街日记》(海街diary，日本，2015)
9. 《海上钢琴师》(*La leggenda del pianista sull'oceano*，意大利，1998)
10. 《朗读者》(*The Reader*，美国/德国，2008)
11. 《理查德·朱维尔的哀歌》(*Richard Jewell*，美国，2019)
12. 《千与千寻》(千と千尋の神隠し，日本，2001)
13. 《情书》(ラヴレター，日本，1995)
14. 《深海长眠》(*Mar adentro*，西班牙/法国/意大利，2004)
15. 《生活多美好》(*It's a Wonderful Life*，美国，1946)
16. 《四月物语》(四月物語，日本，1998)
17. 《天堂电影院》(*Nuovo Cinema Paradiso*，意大利/法国，1988)
18. 《托斯卡纳艳阳下》(*Under the Tuscan Sun*，美国/意大利，2003)
19. 《西西里的美丽传说》(*Malèna*，意大利/美国，2000)
20. 《阳光灿烂的日子》(中国大陆/中国香港，1994)
21. 《一天》(*One Day*，美国/英国，2011)
22. 《勇敢的心》(*Braveheart*，美国，1995)

参考文献

1. 刘文瑾：《重省〈耶路撒冷的艾希曼〉——当下美国学界关于"恶之平庸"的论战》，《学术月刊》2017 年第 4 期。

2. 茆巍：《1768 年叫魂案再审视与解读》，载《中国社会科学》2023 年第 6 期。

3. 彭磊：《苏格拉底的明智：〈卡尔米德〉绎读》，华夏出版社 2015 年版。

4. 王志强：《柏拉图的"节制"——基于〈卡尔米德篇〉的解读》，《伦理学研究》2021 年第 5 期。

5. [古希腊]柏拉图：《卡尔弥德篇 枚农篇》，王太庆译，商务印书馆 2018 年 11 月版。

6. [美]阿达姆·利浦塔克：《资深司法记者安东尼·刘易斯病逝》，张薇译，纽约时报中文网。

7. [美]安东尼·刘易斯：《批评官员的尺度：〈纽约时报〉诉警察局长沙利文案》，何帆译，北京大学出版社 2011 年版。

8. [美]彼得·萨伯：《洞穴奇案》，陈福勇、张世泰译，生活·读书·新知三联书店 2012 年版。

9. [美]汉娜·阿伦特：《艾希曼在耶路撒冷》，安尼译，译林出版社 2017 年版。

10. [美]孔飞力：《叫魂：1768 年中国妖术大恐慌》，陈兼、刘昶译，生活·读书·新知三联书店 2014 年版。

11. [美]史景迁：《利玛窦的记忆官殿》，章可译，广西师范大学出版社 2015 年版。

12. [美]托马斯·卡思卡特：《电车难题：该不该把胖子推下桥》，朱沉之译，北京大学出版社2014年版。

13. [日]蛭田圭:《汉娜·阿伦特与以赛亚·伯林：自由、政治与人性》，孟凡礼译，贵州人民出版社2024年版。

14. [英]约翰·密尔:《论自由》，孟凡礼译，上海三联书店2019年版。

不止于正义：法律人的读书会

作者_赵宏 陈碧 李红勃 罗翔

编辑_张晨　装帧设计_何月婷　主管_应凡
技术编辑_白咏明　责任印制_杨景依　出品人_王誉

营销_王立

鸣谢

黄杨健

果麦
www.goldmye.com

以 微 小 的 力 量 推 动 文 明

图书在版编目(CIP)数据

不止于正义 : 法律人的读书会 / 赵宏等著.
昆明 : 云南人民出版社, 2025.8（2025.10重印）. -- ISBN 978-7-222-24108-4

Ⅰ. D9-53；G792

中国国家版本馆CIP数据核字第2025TJ1972号

责任编辑：刘　娟
责任校对：李　爽
责任印制：李寒东

不止于正义
BU ZHI YU ZHENGYI

赵宏 陈碧 李红勃 罗翔　著

出版	云南人民出版社
发行	云南人民出版社有限公司
	果麦文化传媒股份有限公司
社址	昆明市环城西路609号
邮编	650034
网址	www.ynpph.com.cn
E-mail	ynrms@sina.com
开本	875mm×1240mm　1/32
印张	9.5
印数	13,001-18,000
字数	190千
版次	2025年8月第1版　2025年10月第3次印刷
印刷	北京盛通印刷股份有限公司
书号	ISBN 978-7-222-24108-4
定价	58.00元

版权所有 侵权必究
如发现印装质量问题，影响阅读，请联系021-64386496调换。